I0787332

APUNTES DE FE PARA
UN NUEVO AMANECER

CAMBIO
DE
PLANES

JOSE CHACÓN

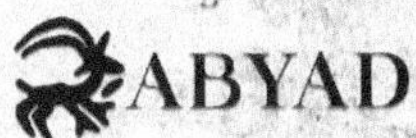
ABYAD

ISBN: 9798351563657

© **CAMBIO DE PLANES**
Jose Chacón

Segunda edición: 2022.
© **Editorial ABYAD**

Dirección editorial: Jose Chacón
Tel. +506 6050 - 0416

Correo electrónico: jose@interludio.org

Revisión de textos: Silvia Quesada
silviaequesada@gmail.com

Diagramación interior: Kattia Rigg
kattiaro@gmail.com

Diseño de cubierta: Jorge Salazares
info@jorgesalazares.com

Hecho en Costa Rica
Setiembre, 2022

Índice

*A mi hija Paula,
que ha sido mi maestra de fuerza
y libertad desde que nació.
Brindo por vos con las palabras
de Pau Donés (Jarabe de Palo)
«La fuerza de un león, eres fuego, dinamita, tienes
coraje, dureza, duende, sabiduría...»*

NO ERA UNA DERROTA

«¡Te voy a partir las piernas, hijo de puta!». Eso fue lo primero que escuché en el mensaje de audio que me llegó desde una cuenta desconocida de Facebook. La voz furiosa continuó insultándome, diciéndome que sabía bien dónde vivía, a qué escuela iban mis hijos y dónde trabajaba mi esposa. Era un mensaje corto y estrepitoso. Solo pasaron 7.85 segundos desde el inicio del audio hasta la amenaza de muerte y 8.03 segundos para que yo empezara a temblar aterrorizado. Me quedé paralizado por uno o dos minutos. Estaba en mi casa, pero me sentía perdido y vulnerable. Reproduje de nuevo el mensaje apretándome la mandíbula con la mano derecha hasta desfigurar mis labios. Cerré los ojos y entré en pánico.

Hacía solo un año que el proceso electoral del 2018 había dividido a Costa Rica. Yo me había pronunciado abiertamente a favor de los derechos humanos y en contra de la intromisión de la Iglesia en la política partidista. Hasta ese momento no imaginaba que la reacción de un fanático religioso podría llegar a poner en peligro mi vida y las de mis familiares. Estaba asustado. Temía por mí, por mis hijos y por mi esposa. ¿Quién podría querer hacerme daño? ¿Sería una broma? No sonaba a una broma... ¿Acaso conocía a esa persona? Su voz no me era para nada familiar. Era costarricense, no había duda, pero ¿quién era? No le conté a nadie, ni siquiera a mi esposa para no preocuparla. ¿Qué debía hacer yo? Esa noche no dormí. La siguiente tampoco. Para mí no era inusual recibir mensajes de «hermanitos» y «hermanitas» en la fe que me enviaban cordialmente al infierno, pero esto era diferente. Me volví paranoico y tomé la decisión de no salir de casa. Dejé de publicar en redes sociales y me escondí del mundo.

En ese momento tenía algunos contactos en la Dirección de Inteligencia y Seguridad Nacional (DIS) así que les envié el mensaje para que lo analizaran. Sin embargo, la cuenta de origen había desaparecido por completo, solo quedaba el audio que había descargado en mi teléfono. No había nada que hacer y preferí dejar el asunto. Eso sí, había tomado la decisión de dar un paso atrás, bajar la guardia. Me sobrevino una tremenda sensación de derrota y soledad. Las «fuerzas oscuras» del fanatismo religioso me habían ganado la partida. Un extraño silencio se apoderó de mí. Ya no hablaba tan abiertamente sobre derechos humanos, tenía miedo.

El 18 de agosto del 2019 recibí un mensaje de WhatsApp: «Saludos, don José. Mi nombre es Julia Ardón. Le hablo de parte del Movimiento Matrimonio Civil Igualitario. Queremos ver la posibilidad de hacerle una entrevista. Queremos saber su opinión de cara a la entrada en vigor del matrimonio civil para personas del mismo sexo».

Decliné la invitación de la forma más *polite* que pude.

El 12 de noviembre, solo 3 meses después, recibí otro mensaje de WhatsApp que decía: «José, para fin de año queremos hacerle una entrevista para dar un mensaje de amor y reconciliación».

Volví a escabullirme.

Ahora pasaba a ser altamente sospechoso para quienes me habían visto luchar por la reconciliación. Mi silencio provocó que muchas personas que me apoyaban se sintieran confundidas y tomaran la decisión de retirar su apoyo. Vinieron críticas y presiones. Yo guardé silencio.

Menos de un mes después, el martes 3 de diciembre del 2019, justo cuando en Wuhan estaba empezando el brote del nuevo covid-19, silencioso, como un fantasma, en Costa Rica mi hijo de 8 años amaneció sin aliento. Pero no era como las otras veces. Esta vez no había tiempo de reacción. Se nos iba. No respiraba. Corrimos, le conectamos el cilindro de oxígeno que tenemos en casa, máxima presión. Nebulizamos una, dos, tres veces. El oxímetro seguía descendiendo: 80, 78, 69… se nos iba.

Corrimos al carro con el niño sin aliento, la hermana a cuestas y el corazón congelado. Llegamos al EBAIS, pero no lograron hacer nada por él. Nos dijeron que no podíamos esperar una ambulancia, que debíamos llevarlo directo al Hospital de Niños. Al llegar, con la vida pendiente de un halo, de un hilo, solo de fe y agallas, lo intubaron de emergencia.

Silencio.

Santi estuvo, en total, tres semanas hospitalizado. Una de esas semanas mi hijo estuvo entre la vida y la muerte. Aquellos días, en medio del rigor de la rutina hospitalaria y de la preocupación por atender a nuestra hija —que pasaba de familiar en familiar mientras todo volvía a la normalidad—, logré terminar de escribir mi novela *Mysterium Salutis* y cada mañana aprovechaba para escribir una pequeña serie de cuentos infantiles en los que intentaba narrar todo lo que sucedía en el hospital. A ese conjunto de cuentos le llamé *Cambio de planes*.

Tras la celebración por el alta hospitalaria de Santi solo tuvimos unos cuantos días sin sobresaltos: pronto el planeta entero se vio sumido en la pandemia del SARS-COV-2 que provoca la enfermedad de la covid-19 y el mundo tal y como lo conocíamos empezó a transformarse precipitadamente.

Los tres acontecimientos anteriores marcaron un antes y un después en mi forma de abordar la fe y la espiritualidad. La amenaza me hizo preguntarme si había valido la pena luchar por los derechos de todas las personas y por la creación de una Iglesia inclusiva. Me hizo cuestionarme si arriesgar mi propia vida era un precio que valía la pena pagar. La hospitalización de Santi paralizó todos mis procesos y volvió a plantearme importantes preguntas teológicas sobre el dolor y los designios divinos. La pandemia removió los cimientos del mundo, incluidos los de la Iglesia. Cada iglesia, en cada rincón del planeta, se enfrentó a la incertidumbre, a la aceptación de que la sola oración no era capaz de cambiar las cosas, a la disyuntiva de aceptar o negar lo que sucedía.

Este libro recoge algunas de las reflexiones y pensamientos que surgieron durante ese periodo crítico de mi vida, una etapa de transformación existencial y de deconstrucción religiosa. Ahora sé que no había perdido la partida ante «las fuerzas oscuras» del fanatismo, como había creído, solo había cambiado de rumbo.

Dividí este libro en 5 partes. Inicié cada una de ellas con una carta escrita a mi hijo durante su internamiento de diciembre de 2019. Esas cartas, en su conjunto, se llaman *Cambio de planes* y son las que le dan nombre a este libro. Cada una de ellas es seguida por una serie de textos que fueron escritos, en su mayoría, en el periodo que va desde la amenaza de muerte hasta el año 2022, pasando por los avatares de la pandemia y la convalecencia de Santi.

Creo que es importante señalar que Santi nació con malformaciones congénitas. El conjunto de esas malformaciones se denomina VACTERL, por sus siglas. Eso quiere decir que hay afectación en las vértebras, el ano, el corazón, la tráquea, el esófago, el sistema renal y las extremidades (*limbs*).

Las experiencias descritas en este libro suponen una especie de *teomorfosis*, una transformación radical en mi forma de concebir la teología.

Así que prepárate: de vez en cuando podría agitarte la fe con vehemencia y después, y solo después, acariciaré lo que quede de ella, ahora sencilla y honesta, para motivarla a crecer sin orgullos ni excepcionalismos.

Un día, cuando uno menos lo espera, sucede algo que lo cambia todo. Entonces nuestras certezas se tambalean, el castillo de naipes se derrumba y el cuento de hadas que aprendimos de niños queda al descubierto, al igual que los mitos, la religiosidad, la mojigatería, los temores y las cárceles dogmáticas. Entonces decidimos hacer un verdadero cambio de planes y por fin empezamos a ver la vida con ojos libres y frescos.

Este libro es para todas las personas que están en vela, en espera de un mejor mañana para la fe y la espiritualidad.

Para quienes deseamos que por fin amanezca un nuevo mundo. Toda una generación en busca de una nueva esperanza, urgida de palabras como las de nuestro Isaac Felipe Azofeifa: «De veras, hijo, ya todas las estrellas han partido. Pero nunca se pone más oscuro que cuando va a amanecer».

No hay superioridad del creyente.
No somos mejores cuando creemos,
somos mejores cuando amamos.

SE BUSCAN HEREJES

El mundo busca herejes. Los busca locamente. Ya sea para criticarlos, destruirlos, difamarlos o matarlos… o para abrazarlos y elevarlos como antorchas que guían en la oscuridad. Se necesitan herejes, pues no habría razón para luchar por la fe ni enemigos que derrotar para demostrar una certeza absoluta y la supuesta maravilla de la «sana doctrina» si ellos no existieran. No habría héroes a quienes seguir, ni trillos nuevos que transitar, ni libertades que abrazar.

Sí, el mundo busca herejes. Esos seres humanos que se atreven a dudar, a pensar, a disentir. Son aquellos que nos retan a cuestionar nuestra identidad, nuestras costumbres y creencias. Herejía no significa necesariamente error o equivocación, sino división, facción, diferencia… disidencia del pensamiento, ¡libertad! Esto plantea la posibilidad de que la misma herejía sea la que se acerque más a la corrección, a la verdad. Y así ha sido una y otra vez.

Los herejes son esas personas que se sienten incómodas con la modorra de las certezas absolutas. Los antiherejes, en cambio, se incomodan ante la libertad de los otros. Sienten ansias inquisitoriales y exterminadoras. Ellos desearían callar a los demás y prohibirles usar redes sociales, publicar libros o hablar en público.

Hay un tercer tipo de persona, a la que no le asusta pensar por sí misma, aunque no esté dispuesta a romper del todo con su ideología. Esta acoge a los herejes con respeto y curiosidad, pues ellos le ayudan a conocerse mejor, a razonar sobre sus convicciones, a retar sus límites y a vislumbrar alternativas.

Cada uno de nosotros encaja en uno de estos tres perfiles: podemos ser herejes, antiherejes o curiosos en busca de libertades.

¡Conviene que haya herejes!

Lo bueno es que la Biblia dice que las herejías son necesarias y convenientes. El grito lo dio el mismo Pablo en una carta a la iglesia de Corinto: «Conviene que haya herejes entre ustedes» (1 Cor 1,11-19).

A lo que el escritor catalán Eugenio D'Ors añadió: «Y conviene precisamente en interés de la fe». La fe necesita herejías para probarse a sí misma, para afinarse, corregirse o expandirse. Sin herejes ni herejías nos veríamos obligados a creer por inercia y estaríamos condenados a la equivocación eterna.

Sé que muchas personas estarán diciendo que eso no es lo que dice la Biblia porque buscaron el texto en las versiones que tienen a la mano. La Nueva Versión Internacional traduce así la misma cita de Corintios: «es necesario que haya grupos sectarios», la Dios Habla Hoy lo hace así: «¡No cabe duda de que ustedes tienen que dividirse en partidos!», la Reina Valera habla de «partidismos» y la Nueva Traducción Viviente alienta a las «divisiones».

No sé qué es más alarmante en el consejo que da Pablo: ¿divisiones, sectas o partidismos? Lo cierto es que el mensaje destila algo que no pareciera ser muy bien visto entre las iglesias. Lo que buscan, más bien, es la uniformidad y el pensamiento único, no las diferencias ni la libertad de pensamiento, que es castigada. Sin embargo, en el texto Pablo usa la palabra griega αἱρέσεις (*haireseis*), de donde viene la palabra latina *haereses*, de la que, a su vez, deriva, sin duda, la palabra *herejía*.

Martín Lutero también evitó traducir la palabra por *herejes* en su versión de la Biblia al alemán de 1522. El reformador, considerado un hereje por la Iglesia de Roma, tradujo *haereses* por *spaltungen*, que quiere decir «divisiones» o «escisiones», y no por *ketzer*, que sería la traducción más adecuada para *hereje* en alemán.

Esa palabra griega aparece varias veces a lo largo de todo el Nuevo Testamento y normalmente es traducida como *secta*. Por ejemplo, Hechos 5,17 dice: «El sumo sacerdote y todos sus partidarios, que pertenecían a la **secta** de los **saduceos**, se llenaron de envidia». Y en Hechos 15,5 encontramos lo siguiente: «Entonces intervinieron algunos creyentes que pertenecían a la **secta** de los **fariseos**». Tanto saduceos como fariseos fueron catalogados como herejes.

Llama mucho la atención el texto de Hechos 24,5: «Hemos descubierto que este hombre es una plaga que por todas partes anda provocando disturbios entre los judíos. Es cabecilla de la **secta** de los **nazarenos**».

Ananías, junto con su abogado llamado Tértulo, esgrimió una acusación contra Pablo en el juicio ante el gobernador: lo acusaba de ser el cabecilla o heresiarca de la αἱρέσεις (herejía) de los nazarenos, como también llamaban a los cristianos. En Hechos 24,14, solo unos versículos después, encontramos las palabras que el mismo Pablo dijo en su defensa: «Sin embargo, esto sí confieso: que adoro al Dios de nuestros antepasados siguiendo este **camino** que mis acusadores llaman **secta**».

«El camino» era la forma en que los primeros cristianos se referían a su nueva manera de creer. A ese nuevo camino sus adversarios le llamaban αἱρέσεις (herejía). ¿Por qué los saduceos, fariseos y cristianos fueron catalogados como herejes? Porque proponían una forma diferente de practicar la fe.

Oportet et haereses esse

En la vulgata latina la frase de Pablo es *oportet et haereses esse:* «¡Es bueno que haya herejes!». Pero Pablo no solo dice que las herejías y los herejes son necesarios, buenos, deseables e imprescindibles, sino que nos brinda la razón esencial de su existencia: *«Pues es preciso que haya herejes, **a fin de que se destaquen los de probada virtud** entre ustedes».* La herejía es muy útil para la Iglesia. Es un verdadero crisol que separa la plata de la escoria, que refina el oro.

La mayoría de los profetas y reformadores han sido calificados como herejes. Personas muy valiosas han sido perseguidas, torturadas y asesinadas porque existe una tensión ancestral entre el insidioso nuevo pensamiento y la obstinada «vieja guardia» que procura que nada cambie. A Jesús lo mataron por hereje y, sin embargo, todo cambió. Muchos de los doce apóstoles fueron asesinados para evitar que las cosas cambiaran, sin embargo, todo cambió. A Conrad Grebel lo persiguieron los mismos protestantes para evitar que las cosas cambiaran, sin embargo, todo cambió. A Margarita de Trento la asesinaron para evitar que las cosas cambiaran, sin embargo, todo cambió. A Isabel de Baena la mataron para evitar que las cosas cambiaran, sin embargo, todo cambió.

Se calcula que unas 40 000 mujeres murieron torturadas, vejadas y quemadas en la hoguera durante la cacería de brujas en la Europa de la Edad Media, todo con el fin de evitar que las cosas cambiaran. A Mandela lo encarcelaron, a Monseñor Romero lo asesinaron, a Martin Luther King Jr. lo persiguieron y lo asesinaron, sin embargo, todo está cambiando. Y como las cosas no han terminado de cambiar, siguen siendo urgentes más herejes, hombres y mujeres libres que pataleen, zapateen y griten fuerte *¡a fin de que se destaquen los de probada virtud* entre ustedes!

El llamado puede entusiasmar a más de uno —¡y así lo espero!—, pero valga una advertencia antes: todos los herejes, hombres y mujeres, pagan un precio muy alto. Soledad, vacío, incertidumbre, maltrato, crítica, rechazo. Romper con el *statu quo* implica desgarrarse, desmembrarse de la sociedad común, nadar en un mar de incomprensión y aislamiento, vivir entre el aplauso y la mueca burlona, caminar entre traiciones, puñaladas traperas y abrazos entusiastas. Aun así, ¡se buscan herejes!

Pruebas multicolores, un arcoíris de diversidad

Cada hereje tendrá que pasar por diversas pruebas. Algunas serán simples escaramuzas que pasarán pronto al olvido, pero otras marcarán de por vida su alma y lo obligarán a hacer un verdadero cambio de planes.

Santiago, el hermano de Jesús, sabía esto. Por eso escribe con conocimiento y autoridad, con experiencia y audacia. Se refiere de una manera muy interesante a estos retos: «Hermanos míos, considérense muy dichosos cuando tengan que enfrentarse con **diversas pruebas**» (Sant 1,2).

Obviemos por ahora los conceptos «dichosos» o «bienaventurados» y concentrémonos en la frase «diversas pruebas». La palabra griega utilizada por Santiago para describir esas pruebas es *poikilois* (Ποικίλοις) que literalmente significa *varios colores*. Cuando Santiago describe las pruebas nos dice que serán tan diversas como los colores del arcoíris. La misma palabra aparece en Marcos 1,34 cuando Jesús ha sanado a muchas personas de *diferentes* (*poikilais*) enfermedades, de condiciones o dolencias de todos los colores, tan variadas como el arcoíris.

Basados en este texto es que elegimos los colores del logo de Interludio, nuestra comunidad de fe. Una iglesia en la que caben todas las personas, sin distinción alguna, y que mi esposa Laura y yo fundamos hace ya casi 15 años. Cada color representa una limitación, una enfermedad, una lucha o una causa. Sabemos que, por ejemplo, el rojo representa la lucha contra el sida; el anaranjado, la lucha contra el hambre en el mundo o contra la leucemia; el azul, la lucha contra el cáncer de próstata y el rosado representa la lucha contra el cáncer de seno. Cada uno de ellos también representa una lucha social o política específica, como la lucha en favor de la libertad de los presos políticos, contra la trata de personas o la lucha por la paz.

Cada uno de nosotros tiene algún color predilecto, una lucha, una causa. Y esos colores, que nos hacen más humanos, también nos limitan, nos duelen, nos lastiman y nos enfurecen. Cada color es un reto de fe y una lucha personal. A veces esas luchas son como la *kriptonita* que debilita a Supermán y hacen que algunos den un paso atrás y que bajen los brazos, totalmente rotos y derrotados. Ante esto, a veces necesitamos tomar un respiro, recomponernos, dejar que Dios haga y que sane nuestras heridas del camino. A eso también le llamo fe.

¿La fe?
Es una cuchara que trae a la boca
la sopa del plato vacío,
es la pluma que escribe sin tinta.
La fe es la palabra violenta que le dice ¡no!
a lo imposible,
que se amotina contra el miedo,
que se subleva contra el dolor,
que se levanta, armada hasta las entrañas,
contra la desesperación.
¿La fe?
¿Mi fe?
Mi fe no construye frases mendigas
ni se obstina en el martirio.
Mi fe es respondona
no se amilana ante la sombra grande.
Sí,
se rompe y se arruga,
pero se recompone,
se peina
y se perfuma para volver a salir

y darle la mano al mañana,
mi mañana,
nuestro mañana.

Algunos dan su vida y se convierten en mártires. Otros, como yo, decidimos preservar la vida y atrincherarnos por un tiempo para poder seguir luchando... ¡más vale perro vivo que león muerto! (Ecl 9,4 Nueva Versión Internacional).

Pero yo no soy el único que ante la amenaza de muerte ha dado un paso atrás, no para abjurar de las convicciones personales, sino para trabajar desde las sombras por un tiempo y con el fin de preservar la vida, la integridad física y el mensaje mismo que predico. Ha habido muchos antes que yo. Uno de ellos se llamó Juan Gil, más conocido como doctor Egidio.

Hereje *post mortem*

Desde finales de 1557 hasta 1559 se sucedieron múltiples arrestos de sospechosos de herejía protestante en Sevilla. La mayoría de aquellos arrestos terminaron en largos periodos de encarcelamiento en el castillo de Triana, sede de la Inquisición en la capital andaluza. Hubo también torturas, humillaciones y sacrificios en la hoguera de los llamados autos de fe, que no eran otra cosa que ejecuciones públicas.

En Sevilla había varios pequeños grupos simpatizantes de la Reforma que se reunían de forma clandestina. Un primer grupo se encontraba a las afueras de la ciudad y estaba conformado por unos veinticinco religiosos del monasterio de San Isidoro del Campo en Santiponce, muy cerca de lo que ahora se conoce como las ruinas romanas de Itálica.

Estos monjes habían sido iniciados en el pensamiento disidente o herético por el maestro García Arias, el *maestro Blanco*. Unos 15 de ellos lograron huir de la Inquisición, entre ellos un tal Casiodoro de Reina, quien más tarde escribió la Biblia del Oso, una traducción al castellano que luego se conocería como la versión Reina Valera.

Poco antes de la masacre de protestantes en Sevilla y Valladolid, un famoso canónigo de la catedral sevillana, Juan Gil, empezó a sazonar su predicación con temas cercanos al protestantismo. Este era su perfil público, pero en secreto dirigía y pastoreaba lo que él mismo llamaba «la iglesia chiquita de Sevilla» que no era ni más ni menos que la naciente Iglesia protestante. Famoso católico, por un lado, brillante protestante por el otro, el doctor Egidio —como se le conocía mayormente— era un predicador muy afamado tanto en su versión pública y católica como en la clandestina y protestante. Las sospechas no tardaron demasiado tiempo en surgir y de sus predicaciones contrarias a la adoración de los santos y en favor de la justificación solo por fe «surgían continuas quejas ante los inquisidores»[1]. Así se inicia un proceso inquisitorial en su contra. Ciertas monjas confesaron ante los inquisidores haber escuchado predicaciones suyas sumamente sospechosas: «Yo, Leonor de San Cristóbal, digo que habrá veinte y tantos años que, oyendo muchos sermones al doctor Egidio, le oí deshacer mucho las imágenes y nombrarlas por nombre de ídolos, que idolatrábamos sin sentir reverenciándolas, que no habíamos de parar sino en lo del cielo»[2].

Finalmente, en 1552 es obligado a abjurar públicamente en la catedral. Y así lo hizo, ante el temor de morir en la hoguera. Se retractó públicamente, con lo que salvó el pellejo. Tuvo miedo, se aterrorizó y prefirió dar un paso atrás y guardar la vida.

Fácilmente ese pudo haber sido el final de una flamante carrera herética. No solo se espera que el hereje deje el pellejo, también que aguante el suplicio hasta el final. Una vez caído, roto y humillado por haberse orinado encima por el miedo, Egidio pudo haber desaparecido de la historia de la iglesia evangélica de Sevilla o pudo haber quedado retratado como un pastor débil, traidor, endeble y fracasado. Pero no sucedió ni lo uno ni lo otro... ¿por qué? Porque aquella «iglesia chiquita de Sevilla» supo acogerlo con la misericordia merecida. ¿Qué sucede cuando vemos al líder, al hereje, al héroe caer de rodillas y romperse en mil pedazos? La reacción madura es abrirle los brazos como lo hicieron los fieles de esa iglesia pequeña. A Egidio esto le permitió predicar y vivir todavía hasta finales de 1555, año en el que fue enterrado con todos los honores en la mismísima catedral hispalense.

Fue hasta la masacre de protestantes que los inquisidores se percataron de su error: Egidio había seguido pastoreando la iglesia clandestina hasta su muerte... ¡se les había escapado uno! Entonces lo declararon hereje *post mortem* y desenterraron sus huesos para quemarlos públicamente.

Moraleja:
Se vale tener miedo y seguir adelante.
No importa si decepcionas, ¡sobrevive!

MANUAL DE INSTRUCCIONES PARA SER HEREJE

Una amenaza de muerte me paralizó en el 2019, la posibilidad de perder a mi hijo a finales de ese mismo año cambió de golpe todas mis prioridades y la catástrofe global por la pandemia del SARS-CoV-2 me obligó a replantearlo todo a partir del 2020. ¿Había valido la pena dedicar toda una vida a las causas que ahora amenazaban mi integridad física? ¿Me quedaría solo en medio del peligro? ¿Realmente había algún propósito en la enfermedad y en el sufrimiento de nuestro hijo Santiago? ¿Era Dios un ser macabro que usaba el dolor para chantajearnos y tenernos a sus pies? ¿Era la Iglesia capaz de responder a las preguntas planteadas por la pandemia?

Yo ya llevaba un buen tiempo aprendiendo a ser un hereje. Fui criado en la fe evangélica y en algún momento entre mi niñez y mi adolescencia supe que había muchas fisuras en las paredes del edificio cristiano.

El primer golpe a ese castillo de naipes fue a mis 15 años. Era mi primer día de clases en Sevilla —la misma ciudad del maestro Blanco y del doctor Egidio, el hereje arrepentido que le ganó a la Inquisición—, donde nos acabábamos de trasladar a vivir. Y ese primer día de clases marcó también mi primer paso hacia la herejía. Varios hombres me golpearon y abusaron de mí sexualmente (es hasta ahora, a mis 44 años, que logro describirlo con esas justas palabras). Quedé tendido en el suelo, no sé si pasaron unos minutos o si fueron horas. Para mí, una eternidad que me cambió para siempre. Tendido en el suelo, humillado y aterrorizado, experimenté la sensación de soledad más profunda y definitiva. Era como si una bala de cañón me hubiera atravesado el cuerpo creando un agujero del tamaño de mi torso y dejándome totalmente vacío, sin vísceras, pulmones ni corazón. Solo era cabeza, piernas y manos. La cabeza nublada y aturdida, mis extremidades torpes, débiles y temblorosas.

¿¡Dónde estás, Dios!?

Esa fue la primera verdadera pregunta que le hice a la vida, a Dios, a la religión, al castillo de naipes que ahora se derrumbaba irremisiblemente. Con esa pregunta me inauguré como aprendiz de hereje. No, Dios no me respondió. Silencio total.

Soledad. Enojo. Vergüenza. Miedo. Odio.

¿¡Dónde estás, Dios!? Esa fue la primera pregunta. Luego vinieron todas las demás. Una infinidad de preguntas y dudas que se sucedían sin cesar, hechas primero desde la ternura de un niño que lucha por seguir creyendo, luego lanzadas con la insolencia de un adolescente que entra al salón pulcramente ordenado de la dogmática eclesiástica para patearlo todo, escupirlo todo y derribarlo todo con la furia necesaria para dejarlo todo en el suelo, hasta sentirse triunfador.

¿Y después, qué? El castillo de naipes deshecho, el suelo del salón inundado de cristales rotos... ¿cómo salir ileso de ahí? Sería imposible dar un solo paso sin herirme con los trozos de dogmas quebrados, valores reventados, ideas derramadas, historias y costumbres irreconocibles. A pesar de todo, tenía que salir a la vida de nuevo. La salida conllevaría dolor, pero también libertad.

Salí.

Orden-desorden-reorden

Esa salida solo me convirtió en un detractor más. Ni siquiera en un ateo, sino en un creyente dolido, roto y decepcionado. Ser un simple detractor no me convertía en hereje, solo en un cristiano resentido, irrelevante y molesto. La transformación había comenzado.

El desorden del castillo de naipes derribado me perseguía y no me dejaba en paz.

Richard Rohr explica que la transformación o el cambio ocurre en tres etapas: orden, desorden y reorden. Para cambiar, no basta con decir frases como «ya no lo voy a hacer», «ya no voy a creer», «ya no voy a pensar» o «ya no voy a sentir» y ya, pues con eso solo estaríamos ignorando la raíz del problema. Para el verdadero cambio es necesario abrir los ojos, no cerrarlos. Abrir los ojos y dejarlos muy abiertos. Mirar bien. En mi caso, patearlo todo no cambiaría nada esencial. Tenía que observar detenidamente el orden en el que había vivido y la religión perfectamente ordenada en la que había crecido. Debía entender ese orden primigenio en el que me había criado para poder comprender el caos que había provocado, solo así podría emprender un proceso de reorden.

El proceso que propone Rohr nos obliga a evitar el pensamiento dualista o maniqueo, que es básicamente binario. No acepta términos medios. Blanco o negro, esto o aquello, sí o no, cristiano o no cristiano, hombre o mujer, *hetero* o gay. Las cosas están limpias o sucias, nunca están en proceso, y los argumentos son ciertos o falsos, punto. El pensamiento dualista violenta el espíritu mismo de la vida. La semilla es, en esencia, un árbol en proceso, como una nube negra es lluvia potencial; pero esa semilla también puede convertirse en simple abono y la nube puede disiparse de improviso sin que haya contradicción en ello. El orden previo al caos está determinado por la construcción de los valores, las ideas, creencias y costumbres que fuimos adquiriendo desde que nacimos. Observar ese orden significa comprenderlo críticamente, hacerle preguntas, dejar de creer en él por inercia. Justo cuando lo observamos empieza el verdadero desorden del que habla Rohr. Lo que hagamos después es la verdadera revolución. Tomar los cristales rotos y reordenarlos ahora con un sentido crítico, humilde y honesto. Orden-desorden-reorden, ese es el proceso correcto para empezar una vida libre de los fantasmas dogmáticos, sociales y familiares del pasado. Solo así podremos empezar a caminar como herejes. Y recuerden, es necesario que haya herejes (1 Cor 1,11-19).

Esto le sucedió a Sarah Bessey, autora de *Jesus Feminist:* «Mi esposo y yo habíamos perdido a uno de nuestros hijos antes de que naciera. Realmente no tenía la opción de elegir la deshonestidad espiritual e intelectual de pretender que estaba bien»[3]. Ella se empezó a hacer ese tipo de preguntas que la gran mayoría de cristianos suele hacerse en secreto. Preguntas que normalmente bloqueamos y callamos porque nos aterrorizan.

La mayoría de cristianos vive con una legión de preguntas amordazadas en su interior, preguntas que son como las víctimas en el sótano de un secuestrador en serie. No es difícil imaginar lo que implica mantener a muchas víctimas encerradas sin que estas escapen o griten: hay que amordazarlas, hay que sellar puertas y ventanas, hay que comportarse como un tirano para mantenerlas a raya y para que a ninguna de ellas se le ocurra rebelarse y escapar. El secuestrador también necesita una dosis enorme de esfuerzo para comportarse de forma natural en el mundo exterior y la presión de vivir fingiendo tendrá graves consecuencias psicológicas, sociales y físicas.

Me parece que esa es la manera en la que la mayoría de creyentes cree superar los embates de la vida. Cada crisis, cada golpe, cada llanto es una víctima más que el creyente se lleva a su sótano. Y sale de ahí, no sin antes amordazarlas y amenazarlas. Pero en realidad es miedo, terror, vergüenza. Ese es precisamente el fracaso de la fe.

Mirar atentamente el orden previo al caos significa sacar a todas esas víctimas del sótano y dejarlas hablar libremente. Escucharlas atentamente sin interrumpirlas. Solo así comprenderemos que ese «orden» no era más que miedo a fallar, miedo a ser descubiertos o miedo al infierno.

Comprender ese «orden» previo implica entender cómo y por qué es que cada una de esas víctimas llegó al sótano. ¿Qué mecanismos emocionales tuvieron que ponerse en funcionamiento para que nos comportáramos como psicópatas de las ideas? El aprendizaje de esos mecanismos ocurre durante los primeros años de vida, en la escuela dominical, en el catecismo, en las conversaciones familiares y a través de la transmisión de creencias de forma tácita y explícita. A ese proceso le llamamos más comúnmente «construcción».

Construcción

El proceso propuesto por Richard Rohr puede analizarse de manera más amplia en 4 pasos, que son construcción, deconstrucción, reconstrucción y reconciliación. La «construcción» es un término académico que se usa para describir el estudio sistemático del conjunto de creencias presentes durante nuestro proceso de crianza. En el periodo de construcción nos atrevemos a mirar honestamente nuestras dudas y decidimos hacernos cargo de ellas.

La mayoría de cristianos se ha preguntado si la Biblia realmente es infalible, si Dios realmente es omnipotente, amoroso y misericordioso. Muchos se han preguntado si realmente existen el infierno, el castigo eterno, el limbo o el purgatorio. Todas esas preguntas suelen guardarse en una gaveta porque millones de creyentes están traumatizados y sienten miedo de su propia curiosidad.

Sarah Bessey[4] indica que «entre el 43 y 44 % de las personas pasará por una transición de fe importante en algún momento de su vida. Y esa transición puede consistir en salir de una denominación cristiana a otra, puede ser que pase al ateísmo e, incluso, puede ser que pase de ser un creyente laico a convertirse en un religioso dedicado tiempo completo a Dios». A esto es a lo que le llamo un *cambio de planes*.

Las preguntas son: ¿por qué creemos en lo que creemos? ¿Por qué rechazamos otras ideas sin analizarlas? ¿Por qué nos asusta pensar que hemos estado equivocados?

Las historias que nos cuentan

Irene Vallejo, en su libro *El infinito en un junco*[5], nos recuerda que la tradición oral reinó durante miles de años, pues la escritura es sumamente reciente en la historia de la humanidad. Al principio, un señor viejito nos relataba las historias, que sobrevivían si alguien más las memorizaba y las volvía a contar. Este proceso se repetía infinitas veces. Ahora, volvamos a la época en la que no había escritura: ese anciano contaba la historia de la creación del mundo con parsimonia mientras la tribu lo escuchaba sentada alrededor de una fogata. Se pasaba toda una noche contando la historia. No había prisa, eran otras vidas y otros tiempos. En aquella reunión, uno que vivía a 3 días de distancia intentaba memorizar el relato. Cuatro días después le relataba la historia a su propia tribu, pero a su manera porque no era fácil memorizar todos los detalles. Imaginen, por ejemplo, lo difícil que resultaría memorizar la palabra más larga que se conoce, escrita por Aristófanes en su obra *Las asambleístas* en el año 391 a.C. La obra finaliza con un banquete con el que las mujeres tratan de contentar a todos los asistentes. Para ello elaboran un plato compuesto por una infinidad de ingredientes de todo tipo, con el objetivo de complacer todos los gustos. En griego, el nombre de ese plato es:

λοπαδοτεμαχοσελαχογαλεοκρανιολειψανοδριμυποτριμμα τοσιλφιοκαραβομελιτοκατακεχυμενοκιχλεπικοσσυφοφατ τοπεριστεραλεκτρυονοπτοκεφαλλιοκιγκλοπελειολαγωοσι ραιοβαφητραγανοπτερύγων

171 letras y 78 sílabas que transliteradas se leen así:

lopadotemajoselajogaleokranioleipsanodrimipotrimmato-silfiokarabomelitokatakejimenokijlepikossifofatoperiste-ralektrionoptekefaliokinklopeleiolagoiosiraiobafetraga-nopterigón.

Las historias relatadas de forma oral debían ser simples, pues no podían ser grabadas ni escritas. Como la gente las contaba como las recordaba —y no las recordaba exacta-mente— por supuesto que tenían matices y cambios. Los relatos sufrían transformaciones en el camino, al mejor es-tilo del juego del «teléfono roto». Así nacieron muchas his-torias parecidas que dieron lugar a diferentes religiones.

Pero no había mayor problema con eso... hasta que un día llegó el invento de la escritura y a alguien se le ocurrió que esas historias deberían quedar guardadas de tal ma-nera que se contara una versión fija. Y ahora sí que había problema: ¿cuál sería la historia oficial? ¿Cuál era la única y verdadera, digna de quedar grabada en una piedra para siempre? La persona que contaba la historia con un matiz diferente a la que estaba registrada en el rollo, en la tabla o en el libro, era un hereje y merecía ser ignorado o, peor, simplemente era quemado en la hoguera. Así es como lo escrito se vuelve ley.

Vallejo nos recuerda que todos nosotros hemos vivido esa misma tragedia de manera muy personal. Nuestras madres nos contaban historias, historias maravillosas, sobre todo de noche para espantar los miedos. Nos contaban relatos increíbles con la voz impostada, incluso inventaban cuentos o nos los leían, pero cambiaban algunas partes para que no nos asustáramos de más. La voz de mamá era la ley.

Pero un día aprendimos a leer por nuestra cuenta y nos percatamos de que los cuentos eran diferentes. Los cuentos, las verdades y las teorías de mamá nos generaron una crisis de credibilidad, tras la cual muchas historias quedaron desacreditadas, fueron relegadas a categoría de fábula o fueron enviadas al cajón de la mitología familiar.

¿Cómo se construyen nuestras verdades? Se construyen cuando nos cuentan una historia, como la de la creación, la de Adán y Eva, la de la cigüeña, la de Sodoma y Gomorra, la de la superioridad de nuestra religión, de nuestra raza o la de nuestra nación. De momento no hay escapatoria: esas historias se convierten en el mapa de nuestro mundo. Más adelante los medios de comunicación que frecuentemos, las películas que veamos y las canciones que escuchemos nos harán creer que esas verdades son irrefutables. Y todo lo que escuchemos, veamos o percibamos solo nos servirá para corroborar nuestro punto de vista. A eso se le llama sesgo de confirmación, que es la tendencia a favorecer, buscar, interpretar y recordar la información que confirma las propias creencias y que desacredita todas las demás sin ni siquiera comprenderlas. Así se construyen nuestras ideas, creencias e ideologías. Cambiarlas sería una pena, pues podría conducir al ostracismo y podría generar rechazo de la familia, burla de los pares, castigos o la excomunión de la iglesia.

Muchas de las historias que nos cuentan retratan la realidad, pero también es cierto que muchísimas otras son ficciones, como bien lo ha expresado Yuval Noah Harari en sus libros *Sapiens, Homo Deus* y *21 lecciones para el siglo XXI*. No veremos un grupo de perros que viaja lejos para escuchar lo que otro perro tiene que decir acerca de la eliminación de las pulgas, ni veremos una bandada de pájaros que viaja lejos para escuchar el canto extraordinario de otra ave. Los humanos, sin embargo, nos contamos historias, nos las creemos y nos unimos para cooperar en favor de la trasmisión esa historia. A eso le podemos llamar religión.

Esa capacidad de cooperación nos ha permitido avanzar como especie, pues a través de los relatos aprendimos que comer ciertos alimentos crudos puede ser mortal, supimos que había estaciones y nos enteramos de la influencia que tenía la luna en nuestra vida; pero esas historias que nos contamos los humanos nos han llevado a hacer cosas horribles también. Como esa vez que empezó a circular una historia sobre los judíos, una que se contó y se repitió muchas veces, tantas que acabó causando la muerte de más de 6 millones de ellos durante la Segunda Guerra Mundial. De la misma manera, alguien una vez contó una historia sobre los homosexuales, también sobre las razas, los negros, los extranjeros, sobre las mujeres y sus derechos. Mientras haya ficciones contadas envueltas en un lazo pulcro de espiritualidad y religión, habrá masacres y discriminación.

Deconstrucción

Una vez que observamos con detenimiento la construcción social o religiosa en la que crecimos, podemos pasar a la siguiente fase: la deconstrucción.

Los estudios sociológicos han descubierto que las personas que han vivido muchos años en entornos rígidos y conservadores son menos propensas a experimentar una crisis de fe que las conduzca a un cambio de paradigma. Sin embargo, cuando una persona criada en una estructura religiosa muy rígida experimenta una crisis de fe, esta suele ser devastadora y generalmente culmina en una ruptura drástica.

Las personas con un trasfondo religioso más flexible se adaptan más fácilmente a las transiciones y tienen una mayor capacidad de dialogar sobre ideas diversas sin provocar grandes rupturas en su vínculo con la iglesia. La reacción ante una crisis de fe o no depende de la intensidad del miedo inculcado, ese que se parece más a un muro de separación que a un semáforo que debemos respetar. El semáforo nos indica precaución, pero el muro simplemente nos encierra, nos separa y nos imposibilita ver lo que hay del otro lado para utilizar nuestro criterio y tomar decisiones. Cuanto más grande sea el muro del miedo que nos hayan inculcado, más difícil será tomar la decisión de derribarlo, franquearlo o escalarlo; pero si decidimos enfrentarnos a él, es probable que lo hagamos drásticamente y sin mirar atrás.

Deconstruir el muro, sea alto o bajito, es el paso que sigue. Derribar el miedo al infierno, al rechazo, a la crítica o al castigo de nuestro círculo religioso es el paso más importante en esta etapa. Estar dispuestos a dudar, a convivir sin certezas absolutas, a salir del pensamiento dualista y a admitir que podríamos haber estado equivocados toda la vida no solo nos libera, sino que nos hace crecer.

Una amenaza de muerte, la hospitalización de un hijo, la pandemia de la covid-19, un abuso sexual, la muerte de un

ser querido, una tragedia familiar, un divorcio o una trai-
ción... la deconstrucción sobreviene casi siempre después
del impacto de una bomba atómica existencial.
Para Sarah Bessey, esa bomba fue su aborto, la misma que
abrió la puerta a un proceso de lucha interna cargado de
temor y de tristeza.

Reconstrucción

La buena noticia es que detrás de ese muro de miedo inculcado, más allá de esas historias construidas desde la
infancia, hay todo un mundo de fe genuina y humilde por
abrazar. La reconstrucción es el inicio de una preciosa etapa de descubrimiento genuino, ya sin la tortura del miedo,
sin la esclavitud de las preguntas rehenes en el sótano de
nuestra conciencia, sin el dedo acusador de Dios sobre nosotros. Encontramos el amor de un Dios sin complejos ni
odios. Adivinamos el camino o lo intuimos, quizás gracias
a algunos libros, a *podcasts,* o quizás espiando piadosamen-
te los sermones *online* de iglesias consideradas heréticas
y que hace tan solo unos meses habríamos considerado
enemigas de la «sana doctrina». Poco a poco adquirimos
criterios, herramientas y elementos de reflexión que nos
conducirán a la cuarta y última etapa, antes de convertir-
nos en verdaderos herejes felices y libres.

Reconciliación

La reconciliación es la etapa más tierna de todo el proceso.
Aquel adolescente que escupía y pateaba todo en el cuarto
pulcro y perfecto de la ortodoxia ahora se reconcilia con la
vida, consigo mismo, con la fe, con la espiritualidad y, lo

que es más increíble, con ese ya lejano castillo de naipes que una vez vio caer. Es el tiempo de buscar una nueva comunidad de fe, nuevos amigos y nuevos referentes. Todo esto ya sin fanatismos ni orgullos, sin miedos ni cárceles. La libertad ha llegado.

En conclusión, las instrucciones básicas para ser un hereje son:

Orden-desorden-reorden.
Construcción-deconstrucción-
reconstrucción-reconciliación.

CAMBIO DE PLANES

Estos cuentos fueron escritos para Santi mientras estaba en la Unidad de Cuidados Intensivos.

Diciembre del 2019

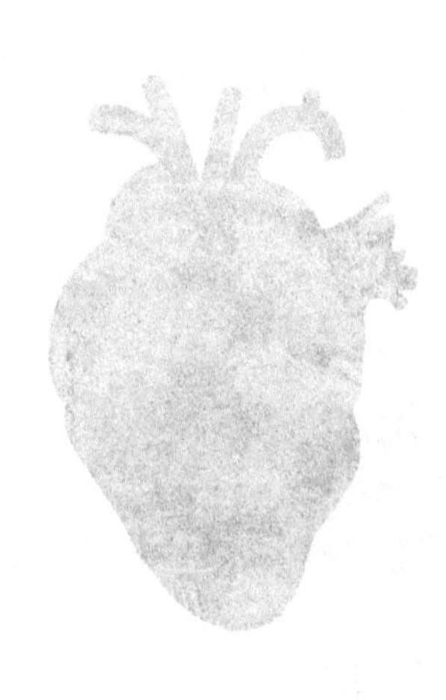

CAMBIO DE PLANES 1

Querido Santi,

Te escribo desde el cuarto de mandos del *Santa Fe*.

Sí, ya sé que deberíamos estar en otra nave, en la superficie, y no en un submarino nuclear de última generación, pero hubo un cambio de planes. El Olympia quedó en el puerto, listo para zarpar, con todos los tripulantes dispuestos y perfectamente entrenados para la misión de este fin de semana. Sin embargo, recibimos una orden de último minuto y aquí estamos. Sé que estudiamos a la perfección el funcionamiento del Olympia y que teníamos la ruta trazada y memorizada con todo detalle. Fuimos entrenados para eso.

Como habrás comprobado, el *Santa Fe* es un submarino nuclear con tecnología de punta. Las máquinas que habrás podido ver y escuchar no son las habituales, sino las propias de un gran submarino que contiene un reactor nuclear en sus entrañas. Una en particular, es la que te suministra el oxígeno necesario para tu trabajo a bordo. Es una especie de escafandra sin casco, dotada de dos infusores de oxígeno cilíndricos que actúan de manera inteligente. Podés confiar plenamente en esta poderosa máquina que te ayudará a cumplir tu misión en el *Santa Fe*. Esta es una misión ultrasecreta, es por eso que no podés decir ni una sola palabra hasta que finalice. Nuestra tripulación también ha cambiado. Todo sucedió tan rápido que no pudimos presentarnos. La misión dio inicio en un abrir y cerrar de ojos, pero no te preocupés, todos están perfectamente entrenados para las maniobras asignadas.

Aquí abajo parece que el tiempo no pasa. No es como en el barco, en el que podemos ver la aurora y el ocaso desde cualquier escotilla. Comprendo tu desconcierto. El plan era otro. Pero tenés que tomar en cuenta que el destino será el mismo, aunque la ruta y la embarcación hayan cambiado. Es exactamente como en *La vuelta al mundo en 80 días* de Julio Verne, una lectura reciente en nuestro entrenamiento. A veces, como bien sabe Phileas Fogg, habrá que cambiar de medio de transporte para alcanzar la meta. También mami y Pau han asumido un puesto importante en esta misión inesperada y trabajan como hormigas para que todo esté a punto y en su lugar.

Nos han informado que un A-10 sobrevuela sin cesar por encima de nuestra ubicación. Es un acorazado muy poderoso que vigila todo a nuestro alrededor y limpia de amenazas todo el perímetro, con lo que nos mantiene a salvo.

Podemos confiar plenamente en el capitán que sobrevuela desde lo alto y no pierde detalle. Sé que desde aquí no podemos verlo ni escucharlo, pero no podemos ni por un instante dejar de pensar que está ahí arriba, vigilando con calma, listo para intervenir cuando sea necesario. El capitán no nos abandona jamás.

La misión está en una etapa avanzada Santi. Estamos rumbo al éxito y a la celebración. La recomendación es que sigamos con fuerza, con ánimo y esperanza. Ya falta menos. Has sido un tripulante fuerte —claro, sos experto en misiones importantes—, pero cada una de ellas supone un nuevo reto.

Seguimos en la misión.

¡Hasta la victoria siempre,
mi pequeño compañero!

EL DOLOR SE SIENTE COMO UN ESPANTO

**De las páginas 218 a 221 de la novela Mysterium Salutis.
Escrito durante el internamiento de mi hijo.**

—¿Sabe, oficial? Se siente como miedo. El dolor se siente como un espanto. El miedo al cómo será la vida a partir de ahora, el miedo de cómo será la vida de nuestras hijas, el miedo a la soledad y al recuerdo. Miedo a la idea de sentir que este vacío no se llenará jamás. No quiero estar solo, pero tampoco me alegra estar con gente. No es que no me importe su compañía, pero sigue sintiéndose como un vacío.

—No se preocupe, señor Awada, procuro comprenderlo.

—Lamentablemente, para cuando descubrimos lo que sentíamos el uno por el otro yo tenía que marcharme a Inglaterra, a la Guildhall School of Music and Drama de

Londres. Nos escribimos mucho y nos visitamos un par de veces. Recuerdo que un verano visité a Liese en su casa de Múnich. Imagínese cuando aparecí por ahí con este pelo, con esta barba y, claro, con este nombre. Juré que Gerda había quedado muda al verme a mí —dijo riendo—. Fue un tiempo emocionalmente difícil. Tres largos años en los que terminábamos y regresábamos en un agotador círculo sin fin. Una especie de montaña rusa, como dicen. En 1995 yo regresé a Alemania, pero ella ya no estaba en Hannover sino en Múnich. Pero, como dijo hoy el sacerdote, el amor nunca deja de ser y todo lo soporta. Nos casamos en 1998 cuando ella ya tenía 36 años y yo 27. No teníamos nada. Un cuarto, un colchón sin cama y un par de cosas más. Tengo que estar muy agradecido con Gerda. Cuando entró por primera vez a nuestro apartamento pareció quedarle estrecho dada la estatura de su presencia.

—Señor Awada, una última curiosidad —dijo Anke tocándose los diminutos labios—. Si Liese era cristiana y usted es musulmán, ¿no tuvieron conflicto con eso?

—Bueno, oficial, no soy muy practicante y Liese tampoco lo era. De todas formas, usted lo dice con el prejuicio de que los hombres musulmanes anulamos a las mujeres y que nuestra religión no es buena para ellas, pero lo cierto es que no hay ningún problema con los cristianos. Podemos casarnos con una mujer cristiana sin que ella tenga que hacerse musulmana. Claro que no todos los musulmanes piensan así, pero lo mismo sucede con los hombres cristianos. La mayoría de los hombres cristianos no se casarían con una mujer musulmana, a menos que ella abrazara su religión. De hecho, puedo asegurarle que hay más hombres musulmanes casados con mujeres cristianas que hombres cristianos con mujeres musulmanas.

—Tiene razón, señor Awada. El fundamentalismo no es exclusivo de una sola religión.

—Recuerdo que yo tenía 12 años. A esa edad ya conocía la guerra. Pero en 1982 supe lo que puede hacer el fundamentalismo religioso cuando se combina con el poder político y militar.

—¿A qué se refiere, específicamente?

—La noche del 16 de septiembre de 1982 hubo una oscuridad diferente en los campamentos de refugiados palestinos de Sabra y Chatila, al sur del Líbano. La historia que casi prevalece justificaba el fenómeno como una reacción espontánea y exacerbada de la milicia cristiana denominada «Falange libanesa» a raíz del asesinato del líder cristiano maronita y mandatario electo libanés Bashir Gemayel el 14 de setiembre de 1982.

—¿Y no fue así?

—No exactamente. Hubo una orquestación entre cristianos libaneses y el ejército israelí. La primera unidad de 150 falangistas cristianos, armados con pistolas, rifles, cuchillos, machetes y hachas, entró cuando anochecía, a eso de las seis de la tarde, e inició la masacre casa por casa, puerta por puerta. Mujeres, niños, ancianos... todos civiles, asesinados sin piedad. Hubo violaciones, mutilaciones y torturas. Unas cuantas horas bastaron para crear un infierno para más de 2 000 palestinos. Durante la noche, las fuerzas israelíes dispararon bengalas que iluminaron los campamentos para que los falangistas mataran a gusto. El campamento estuvo tan brillante como un estadio de fútbol durante un partido.

—¡Qué horror!

—Tienes que leer el relato de Jean Genet llamado «Cuatro horas en Chatila».

Salah Udin Awada hizo una pausa, miró por la ventana y continuó:

—Cerca de aquí hay un cementerio que siempre me ha llamado mucho la atención. El Kriegsgräberstätte Tischlerstraße. Es un cementerio peculiar en el que yacen más de 3000 soldados: una parte de ellos tenían cautiva la ciudad durante la Segunda Guerra Mundial, la otra parte de ellos la liberó. Tanto unos como otros fueron enterrados en el mismo lugar. Ese es un lugar para la reflexión y la reconciliación. ¿Se imagina si existieran lugares como ese en cada lugar donde se necesite reconciliación?

—Supongo que sería fabuloso, señor Awada. El mundo necesita reconciliación.

—Oficial Anke —concluyó Salah Udin Awada, abriendo bien los ojos—. Liese no era la misma últimamente.

—¿Qué quiere decir?

—Parecía deprimida. Hablaba muy poco y estaba muy irritable. Honestamente, era como cuando Bruno la acosaba. Estaba nerviosa, dormía poco o nada y dejaba de comer por días enteros, como si ayunara constantemente. Soy un desastre oficial. No intuí esto. Lo dejé pasar. Pero ahora comprendo que algo grave le estaba pasando a Liese. Por favor, averígüelo.

—Señor Awada, le prometo que hacemos todo lo que está en nuestras manos para saber lo que le sucedió a Liese.

INTRODUCCIÓN A LA ALEGRÍA

¡Me declaro en favor de la alegría! En estos días de brumas e incertidumbres en los que aparecen sinsabores y languidecen las expectativas, en estos días aciagos en los que caminamos con el mínimo de optimismo, haciendo uso apenas de la cantidad justa de esperanza porque en el mañana hay sospechas de fracasos o mediocridades... ¡yo me declaro en favor de la alegría!

Es lo que dice Qoh, el escritor del libro de Eclesiastés: «Por eso, me declaro en favor de la alegría. Y lo mejor que puede hacer el hombre en este mundo es comer, beber y divertirse, porque eso es lo único que le queda de su trabajo en los días de vida que Dios le da en este mundo». (Ecl 8,15 Dios Habla Hoy).

La traducción de la Nueva Versión Internacional dice: «¡Celebro la alegría!» En medio de su descarnado pesimismo, Qoh, nos brinda un verdadero Elogio a la Alegría.

Hay tres acciones que complementan ese elogio a la alegría, tres acciones que, para él, son absolutamente lícitas y necesarias: comer, beber y divertirse. Parecen muy poco espirituales esas acciones tan terrenales, tan humanas, tan superficiales... ¿qué pueden significar hoy en día para nosotros?

Antes de profundizar en esos tres verbos, pensemos por un momento en cómo está usando Qoh la palabra *alegría:* ¡es una declaración de rebeldía! Es el grito revolucionario que lanzó William Wallas al enfrentarse a la inminente derrota y a su consecuente muerte: ¡Libertad, libertad, libertad!

Los antropólogos, como Joseph Jordania nos recuerdan que los seres humanos nunca hemos sido fuertes. En medio de la naturaleza y al lado del resto de la creación somos seres pequeños, frágiles y débiles. Por eso, como recalca Jordania, la identidad de grupo se convirtió en un arma muy poderosa para la supervivencia. El sentido innato del ritmo en los seres humanos jugó un papel decisivo en momentos críticos: producir juntos un mismo sonido una y otra vez al estilo de los Haka, —esos cantos y danzas colectivas de la cultura maorí de Nueva Zelanda— nos llenaba de fortaleza y robustecía nuestra identidad. Los gritos de guerra, los eslóganes y los estribillos de las canciones nos fortalecen porque nos sentimos unidos y nos sentimos fuertes porque no nos sentimos solos. Una declaración de rebeldía, el inicio de una revolución, un grito de guerra, cantar en la iglesia, corear en un concierto... todo eso nos hace sentirnos fuertes e inmortales. Muchos animales pueden caminar rítmicamente o incluso pueden escuchar los latidos del corazón en el vientre materno, pero solo los humanos podemos unirnos en vocalizaciones articuladas y organizadas. Solo nosotros podemos cantar en coro, repetir un estribillo, o gritar juntos, en comunidad: ¡libertad!, ¡alegría!

Así que Qoh nos brinda un grito de guerra para que lo lancemos juntos, al unísono, cuando las cosas se ponen feas: ¡vamos, alegría!

Aunque en las citas mencionadas se ha venido utilizando la palabra *alegría*, en el texto original Qoh usa la palabra hebrea *simjáh*, que está relacionada con la celebración de una gran fiesta y el disfrute de los placeres. Otra palabra que usa la Biblia para referirse a la alegría es *marad*, que también se traduce muchas veces como «rebeldía». La alegría siempre es rebelde porque el mundo nunca nos brinda suficientes argumentos para celebrarla sin miramientos. Siempre hay algo que nos roba algo de paz y en muchas ocasiones carecemos de elementos mínimos para alegrarnos. Entonces llega el grito de Qoh «¡me declaro en favor de la alegría!», que también podría ser algo como «¡me declaro en huelga de la tristeza!» o «¡me rebelo contra los malos días!». ¿Y si 10 personas se sumaran a la misma huelga? ¿Y si lo hicieran mil o un millón? Ganaríamos la revolución.

Comer, beber y divertirse, eso nos dice Qoh.

La palabra que usa Qoh para expresar el verbo *comer* es *akal*, que tiene un significado más cercano a «consumir» o «gastar». Parece una contradicción, si lo comparamos con el tono austero de la vida que nos predican la Biblia y el mismo Jesús. Pero este Qoh es un sibarita, ha trabajado duro y sabe que el fruto de su trabajo no se lo lleva al cielo, por eso debe disfrutarlo aquí en la Tierra. Es fácil simpatizar con él: ¿cuántas veces nos hemos privado de algo porque creemos que no lo merecemos, aun habiendo trabajado duro por obtenerlo? Y si nos «premiamos» por nuestro esfuerzo, no lo disfrutamos porque hay otros que sufren, porque alguien nos dijo que no era un buen momento para mostrarles a los demás nuestros logros y alegrías... Estamos en un momento de la historia en el que ser feliz es casi un pecado, en el que las personas no confiesan sus alegrías fácilmente porque parece de mal gusto estar contento en medio de una pandemia. Y si te ha ido bien, te da vergüenza confesarlo. Ante esto, Qoh nos dice que para empezar a ser felices debemos aprender a disfrutar el fruto de nuestros esfuerzos y a no avergonzarnos de nuestros logros.

Ahora llegamos a la temida palabra para «beber». Qoh usa el vocablo hebreo *shathah*, que sin duda alguna se refiere a beber vino, pero que también se traduce como *festejar*. Y aquí viene otra lección para introducirnos en la alegría: nuestro mundo nos dice que el que no hace nada es un perdedor, que la procrastinación es un pecado (y suena a pecado), que estar una mañana larga en pijamas y con un café humeante —pensando en el mañana o no pensando en nada concreto— es de perdedores y vagos. La presión por ser productivos y que nos vean productivos nos está matando. Pero Qoh nos recuerda que debemos relajarnos un poco, pues *beber* tiene que ver con la relajación, con todo lo que no es ni trabajo ni productividad.

Finalmente llegamos a la palabra que usa Qoh para «divertirse». En casi todas las acepciones, *samach* significa celebrar, pero una de ellas equivale a *boda*. Para introducirnos en la alegría necesitamos aprender a celebrar las pequeñas cosas. No solo deberíamos festejar una graduación, un nuevo trabajo, un cumpleaños o una boda... también deberíamos alegrarnos por buen sándwich, por una noche de descanso sin insomnio, por un buen chiste, por un buen capítulo de la serie de Netflix que estamos viendo o por la sonrisa de tus hijos o de tu pareja.

Comer, beber y divertirse. Celebrar, saberse merecedor, relajarse. Una introducción a la alegría.

Tres consejos para poner en práctica:

EUNOIA = PENSAMIENTO FELIZ:

No existe una única felicidad. Cada persona encuentra momentos de felicidad de una forma muy particular y personal. Nos sentimos felices gracias a hormonas que segrega nuestro cuerpo. La dopamina, la serotonina, las endorfinas y la oxitocina son los neurotransmisores encargados de distintos ámbitos relacionados con la felicidad. Y podemos favorecer la segregación de esas hormonas con nuestras acciones y pensamientos: cuando vamos camino a la playa y el viaje se nos está haciendo largo, podemos pensar en la arena, en el sonido de las olas o en el descanso. Esos pensamientos felices nos ayudan a producir ciertas hormonas y a *practicar* la felicidad por medio de pensamientos felices. Todos los días, como si ser feliz fuera un deporte que hay que practicar en el gimnasio, debemos esforzarnos por tener una o varias sesiones de pensamientos felices.

EUPATIA = SENTIMIENTOS FELICES:

Si uno lee las investigaciones empíricas y teóricas de la sociología de las emociones, advierte que para ellas toda emoción y afecto es producto de factores como la cultura, las instituciones, una situación social, la interacción y la socialización[6]. Eso quiere decir que muchas de nuestras emociones felices están unidas a nuestra cultura y crianza. Para unas culturas son pequeños actos, como una sonrisa o un apretón de manos, para otras es la puntualidad. Practica todos los días los desencadenantes culturales de tu felicidad. Busca cada día y de forma deliberada esas situaciones generadoras de felicidad.

EUDAIMONIA = BÚSQUEDA DE LA FELICIDAD:

Aprendí esta palabra leyendo a un pesimista. Arthur Schopenhauer, en su libro El arte de ser feliz, la utiliza para definir la búsqueda humana de la felicidad. Él afirma que la felicidad es la ausencia de dolor. Y sí, evidentemente, la ausencia de dolor es una forma de ser feliz. Pero eso no quiere decir que no podamos experimentar felicidad en medio de situaciones caóticas y dolorosas. Cada día debemos cultivar la búsqueda de la felicidad no como abundancia, sino como desprendimiento del dolor y del resentimiento.

PEQUEÑAS ALEGRÍAS

Las recojo una a una, como si recogiera una hierba suelta.

Las colecciono a sabiendas de que juntas constituyen un firmamento de plenitud y contentamiento.

Son pequeñitas, pero muchas.

No aspiro a esos grandes atracones de gozo. No anhelo escalar el Everest de la alegría, no pongo ahí mi anhelo de realización ni el diseño de mi triunfo.

Busco, más bien, pequeños fragmentos —migas, si se quiere—, que una a una construyen una senda vital de pequeñas satisfacciones.

Una sonrisa de mi hija, el abrazo de mi hijo, la mirada tierna de mi esposa... pero no pretendo poseer todas sus sonrisas, todos sus abrazos ni todas sus miradas. Una sola de ellas me basta para saberme afortunado.

Un aplauso perdido, un agradecimiento aislado, una felicitación fortuita, una palmada en el hombro. De tal manera que si faltara el aplauso, la felicitación o la palmada, aún tendré una extensa guirnalda de pequeñas alegrías a las que abrirles el pecho de par en par.

Mis pequeñas alegrías, una a una, casi invisibles a veces, son mejores y más dulces que las mastodónticas alegrías que nos aplastan para siempre cuando se desploman de improviso.

UNORTHODOX: LA CUERDA DEL VIOLÍN Y LO QUE PIDE DIOS DE MÍ

« Dios pedía demasiado de mí». Escuché esta frase y me atravesó como un escopetazo, como el impacto de una metralla. O quizás como un gran silencio doloroso. La pequeña mujer que la pronunció encarna a la escritora Deborah Feldman en la serie Unorthodox. En su libro, Feldman relata cómo fue crecer en el seno de una comunidad judía ultraortodoxa jasídica en el barrio de Williamsburg, Nueva York.

Dios pedía demasiado de mí. Esa fue la respuesta de Esty —o Ester— cuando le preguntaron por qué había huido desesperadamente de su comunidad. La frase me golpeó como si alguien me la hubiera lanzado a la cabeza con una fuerza estrepitosa. ¿Qué tenía esa frase que tanto me dolió al escucharla? ¿Por qué parecía estar más cargada de pólvora que de palabras y de letras? No era una frase inocente. Era una frase culpable, asesina, letal.

¿Qué es lo que pide Dios? ¿Pide algo, realmente? ¿Necesita algo Dios? Quien pide es un necesitado y alguien que pide mucho es un gran necesitado. ¿Es Dios un mendigo pedigüeño que carece de todo lo que nosotros podemos darle? ¿Es un banquero que practica la usura y abusa de los pocos recursos que podamos generar para engordar su poder? ¿Es Dios una especie de Robin Hood que necesita quitarnos lo que nos «sobra» para dárselo a los más necesitados?

Para Esty, Dios pedía demasiado. Le pidió que fuera una mujer sumisa, silenciosa y obediente; le pidió abandonar la música, quedar embarazada —aun cuando le era imposible—, sonreír, amar sin amar, servir sin ganas, obedecer sin convicción, rezar al vacío, confiar sin confiar, creer sin creer y rezar palabras huecas que terminan clavadas en el alma a la fuerza, sostenidas con los tornillos a los que se recurre cuando ya no hay clavos. Tomamos lo que Dios nos pide y lo colocamos sobre la madera, lo golpeamos frenéticamente con el martillo para que entre tortuosamente, al menos un poco. ¿Un poco más? ¿La mitad? ¿Torcido? ¿Se romperá la madera? ¿Abortamos la misión? ¡No, tenemos que poder porque Dios nos ha pedido que lo hagamos!

La experiencia dentro de una comunidad ultraortodoxa jasídica no es única, con todo y sus particularidades. Un sinfín de grupos religiosos hacen un uso desmedido de las reglas, leyes y prescripciones de su particular creencia. Los teólogos les llamamos «legalistas», aunque sería más atinado llamarlas «fundamentalistas».

En mi novela Mysterium Salutis rastreo una especie de línea genealógica de varias de esas manifestaciones en el mundo cristiano, vertientes protestante y evangélica, tales como las reglas, lo que Dios pide o demanda de cada persona y de cada comunidad, lo que «nos diferencia» del mundo y de los «mundanos», lo que nos hace ver que somos los «elegidos», los «santos», los «justos». Valga decir que *hasid*, en hebreo, significa *justo* y que la comunidad hasídica de Esty se considera, hasta el día de hoy, la única justa y justificada delante de Dios. Pero ese fenómeno de excepcionalísimo religioso, una vez más, no es exclusivo de los habitantes del barrio de Williamsburg en Nueva York o de *Mea Shearim* en el norte de Jerusalén. Muchas comunidades cristianas se consideran las únicas depositarias de la verdadera ortodoxia, de la «sana doctrina», de la maravillosa escogencia divina por quienes fueron elegidos por sobre el resto de los mortales, esos a quienes Dios no eligió y de quienes se deben separar para no contaminarse.

No existen demasiadas diferencias entre las comunidades «ultras» de los judíos y los cristianos, los musulmanes u otras religiones, pues todas fomentan la separación del mundo exterior o exigen abstinencias de todo tipo: no escuchar música que no sea la propia, no leer libros que no respondan a su propia visión de Dios y del mundo, no ir al cine, no vestir de cierta manera, no bailar (excepto si es para Dios en una celebración litúrgica), no casarse con personas que no sean parte de la comunidad de iguales, no utilizar internet ni asistir a escuelas, universidades o academias que no formen parte de su comunidad religiosa... y un muy largo y creativo etcétera.

Alguien podría estar experimentando lo mismo que Esty en una iglesia evangélica en Costa Rica, en una comunidad musulmana en Berlín o en una sinagoga en Manhattan.

«Dios pedía demasiado de mí» es una frase con la que millones de personas de todas las etnias y espiritualidades se pueden identificar, en particular las mujeres, pues suelen caer sobre ellas las demandas violentas (y «en nombre de Dios») de las comunidades «ultra». Ellas son las que sufren más por las interpretaciones de inferioridad, sumisión, silencio y obediencia ciega. Sus propósitos en la vida son hacer feliz al marido, procrear y criar, cocinar, limpiar, dar placer —sin sentirlo ni desearlo—, ofrecerse sin recompensa alguna a la Iglesia, a Dios, al marido y a sus hijos y agradecerle a Dios por la vida y por tener la suerte de haber sido elegida como parte de una comunidad de santos a los que Él ama más que a las demás personas del planeta.

¿Qué pide Dios de nosotros? ¿Realmente podemos separar lo que pide Dios de lo que pide la comunidad religiosa? ¡Debemos hacerlo!

Pensemos que somos como una cuerda de violín. El violín es nuestra comunidad religiosa y el violinista es nuestra religión. Nosotros solo somos una cuerda en el violín y el violín solo es un instrumento de la religión, pero ¿dónde está Dios? La cuerda no es Dios, el violín solo es un instrumento religioso y el violinista es una religión. Ninguno es Dios. Pensemos ahora que el músico forma parte de una orquesta, de modo que es solo uno más entre un grupo enorme de otros músicos que, a su vez, tocan partituras diferentes y producen en conjunto una sola sinfonía. Ni la viola ni la trompeta son Dios, ni el trombonista ni el cellista son Dios. ¿Dónde está Dios?

No olvidemos que nosotros somos solo esa cuerda del violín, de uno solo de los violines. Nuestro violín es diferente al resto, —no existe ninguno igual— y aunque fueran exactamente iguales todos los violines, no existen dos dedos iguales en el planeta, ni manos que se muevan de la misma manera, ni yemas que rocen la cuerda con la misma firmeza o ligereza. Por lo tanto, todas las cuerdas sonarán diferente, aunque pretendan ser iguales. Sería imposible, sería una misión mortal intentar coincidir exactamente. La yema que oprime la cuerda la obliga a sonar de cierta manera, la cuerda vibra con toda su alma, la mano se coloca en arco, el brazo en ángulo perfecto, el cuello firme y la mandíbula rígida mientras sostiene el violín... cada músculo y cada hueso se mueven de maneras específicas e irrepetibles para que la cuerda vibre igual que las otras. Pero es imposible que dos instrumentos suenen igual, pues siempre sonarán diferente. No hay manera, no hay práctica, ni partitura, ni firmeza que puedan lograrlo. Cada cuerda tiene un sonido único e irrepetible. Intentar hacerlas sonar igual equivale a la exigencia de la religión, no a la de Dios. La cuerda fue creada a sabiendas de que tendría un sonido, una textura, un tono y un color únicos, por lo que el creador no le exigiría ser lo que no es.

Ha habido muchos intentos para lograr unificar u homogenizar el sonido de los violines, pero todos y cada uno de ellos han fracasado. Uno de los intentos más peculiares fue el que se centró en las cuerdas, es decir, en usted y en mí. Imaginemos un violín del siglo XIV, con sus cuerdas hechas de intestino de cordero: antes de debutar en un teatro repleto de espectadores, las cuerdas de ese instrumento fueron un cordero que una vez pastó grácilmente en una pradera.

Debido a su alimentación, las ovejas de criadero a veces tienen intestinos demasiado firmes para la fabricación de cuerdas de calidad. Es preferible conseguir intestinos de cordero de aproximadamente 8 meses, de preferencia criados en la naturaleza o en la montaña. Para efectos musicales, los intestinos se sacan del animal en cuanto se sacrifica, se limpian de toda grasa e impureza y se dejan en remojo en agua clara y fría durante dos días. Pasadas esas 48 horas se colocan en agua caliente y se desgastan hasta dejar solamente el músculo, con lo que se obtiene un tubo de unos 10 metros de largo. El tubo se sumerge en lejía o cloro para que adquiera el color blancuzco que conocemos, luego se corta, se enrosca y se seca. Al final, se obtiene una cuerda a la que se le sacan notas en un violín.

Cada una de esas cuerdas de intestino de cordero suena muy diferente y eso es un problema para muchos. En el intento de homogenizar el sonido se optó por la fabricación de cuerdas sintéticas de nylon o de acero, con lo que se pretendía producir un sonido uniforme.

Las cuerdas de intestino son demasiado sensibles, como un ser viviente. Les afecta la temperatura, la humedad, el uso, la tensión, el tiempo y, por supuesto, el cuidado de la mano que las toca. Las cuerdas naturales nunca suenan igual, ni siquiera son fieles a ellas mismas, pues un día suenan de una manera y al otro suenan diferente. Esta mañana podrían sonar más dulces y por la noche ásperas. Como cualquier ser viviente.

Nosotros somos como esas cuerdas de tripa de cordero. Fuimos hechos de una materia sensible que cambia constantemente y que sufre variaciones, a veces imperceptibles, a veces violentas. El solo intento de ser iguales a nuestra versión de ayer o de hace unas horas es en vano: no podemos ser iguales a nosotros mismos, no somos los de hace un año, los de hace un mes o los de antes de la pandemia. Ni seremos iguales mañana. No solo no podemos ser iguales a los demás, tampoco seremos siempre iguales a nosotros mismos.

Ahí está la cuerda del violín de tripa de cordero, tensa en el violín, afinada por las manos de un virtuoso violinista, en una orquesta de renombre mundial y... ¿dónde está Dios?

Debemos diferenciar cuáles son las demandas del violín, las del violinista y las de la orquesta, aunque ninguna de ellas venga de Dios.

De repente, observamos a un ser aislado, diferente, esgrimiendo una batuta. Es el director de la orquesta. Dirige tanto a violines como a trompas y címbalos. Levanta la mirada aguda y señala al percusionista que toca el triángulo, de quien se acuerda aunque solo emite un sonido en toda la función pues él es importante también. Dirige a clarinetes, cornos franceses y oboes. Cada partitura es distinta y particular. El director no exige que todas las cuerdas de cada violín tengan el mismo color, exige que lo miren a él y que sean sensibles a su batuta. Nunca sonará igual la misma partitura. El director hoy va más rápido y mañana hará llorar al público con un sonido más profundo. No exige repeticiones homogéneas, exige seguimiento absoluto y sensible. Ahí está Dios.

Dios pedía demasiado de mí. ¿Era Dios? ¿Era la comunidad? ¿Era la religión? Nos toca ser libres. Parece imposible que la cuerda pueda desprenderse del violín y que este, a su vez, se libere del insensible violinista que lo oprime. Pero sí se puede. Podemos levantar nuestros ojos, más allá del arco y de las clavijas, más allá de la mano entrenada del músico, y vislumbrar a lo lejos el rostro compasivo del director de la orquesta, que nos dice: «mírame a mí, solo a mí, yo apruebo tu sonido. Sígueme».

¡Ya se te ha declarado lo que es bueno!
Ya se te ha dicho lo que de ti espera el Señor:
Practicar la justicia, amar la misericordia
y ser humilde ante tu Dios.
(Miq 6,8)

CAMBIO DE PLANES

*Estos cuentos fueron escritos para Santi
mientras estaba en la Unidad
de Cuidados Intensivos.*

Diciembre del 2019

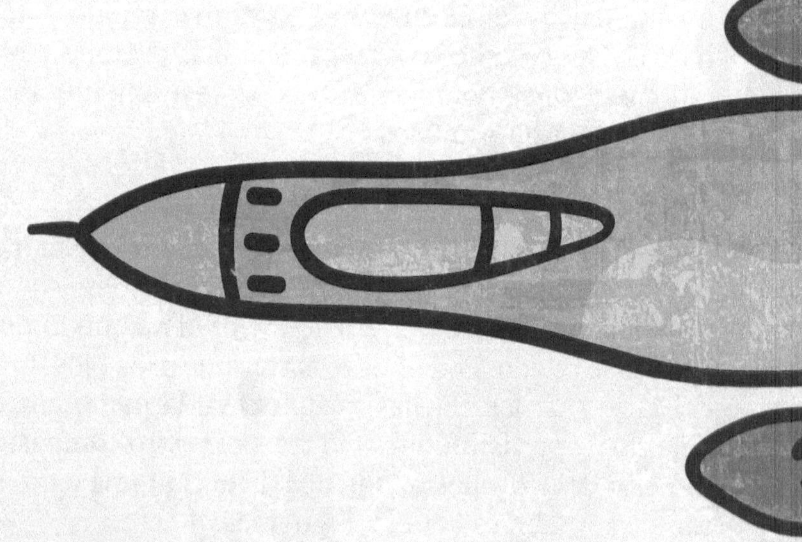

CAMBIO DE PLANES 2

Querido Santi,

Hemos avanzado lo suficiente en esta misión como para no volver atrás. Recordá que ese es uno de nuestros lemas de batalla: «El capitán no nos ha traído hasta aquí para volver atrás». Sé que estás cansado y que has luchado día y noche. Desde aquí te felicitamos por tu desempeño a bordo.

No hagás caso a los rumores que se han diseminado desde hace un par de días. Algunos inconscientes solo quieren desmoralizar a la tripulación. Es cierto que hubo una reyerta un tanto violenta hace 48 horas y que debimos emplearnos a fondo en resolverla. Se trataba de una cohorte de pequeños rufianes, quienes invadieron nuestro territorio con muy malas intenciones. Estos pequeños ejércitos parecen inofensivos —muchas veces pasan completamente desapercibidos—, pero no hay que confiarse, no se andan con medias tintas. Por suerte en nuestro arsenal contábamos con suficientes municiones.

Torpedeamos sin piedad hasta que emprendieron la reti-
rada. ¡Si los hubieras visto, como se iban despavoridos y
acobardados! Una de las mejores escenas en lo que va de
la misión en este submarino nuclear.

Ya sé que esto del submarino te tomó por sorpresa. Tu entrenamiento, basado en *La vuelta al mundo en 80 días*, incluía
todo tipo de transporte, excepto el submarino. El plan era
que leyeras *20 mil leguas de viaje submarino*, también de Julio Verne, para que te experimentaras dentro del *Nautilus*.
Pero nada de eso ocurriría antes del próximo enero. De
momento, quiero contarte que otra niña tuvo que afron-
tar una misión inesperada en condiciones muy similares
a las tuyas. Se llamó Ana Frank. Tenía 13 años y tuvo que
permanecer unos 2 años escondida en un ático pequeño
y, muchas veces, en profundo mutis durante días enteros.
Lamentablemente aquella misión no tuvo un buen desen-
lace. En aquel entonces el mundo estaba de rodillas ante
un loco y su legión de rufianes. Hoy, y en nuestro caso, las
cosas son muy diferentes.

Hay otro rumor, querido Santi, que se ha querido instalar en
la mente de nuestros compañeros. Algunos dicen que es imposible que el A-10 que sobrevuela a gran altura realmente
tenga la capacidad de ataque necesaria para enfrentarse a un
combate. Alegan que la aeronave fue
creada para operaciones aire-tierra
y no aire-mar, como es nuestro
caso. Pero lo que no saben es
que justamente en eso radica
su imbatibilidad, pues nuestro A-10, el Heaven's Thunderbolt, no es un A-10 cualquie-
ra: este tiene una característica
maravillosa que consiste en hacer que lo

que no es, sea. Es decir, posee capacidades específicas de muy avanzada tecnología y que resultan del todo incomprensibles para quienes no lo hayan visto en acción. Sí, sé que parece complicado y hasta inverosímil. Pero creeme, lo he visto actuar muchas veces antes, cuando ya nada podíamos hacer, y aun así nuestro Heaven's Thunderbolt, pilotado por el capitán de más fidelidad y experiencia de la historia, hizo lo imposible con un solo movimiento de sus alas. De hecho, creo que podrás recordarlo vos mismo, pues ahí estaba él cuando naciste, estuvo también cuando entramos en las batallas más oscuras de los últimos 8 años. El Capi, como lo llamamos de cariño, tomó con destreza el control del Heaven's Thunderbolt durante esos momentos y descendió en picada a una velocidad espeluznante hasta acercarse a nosotros lo suficiente como para eliminar todas las amenazas con perfecta precisión y sin daños colaterales. También alegan que no podría ser un acorazado y surcar los aires.

Bueno, la verdad es que esto de las batallas no es nada nuevo para el Capi. En las primeras se transformó en un águila dorada para camuflarse. Claro, el águila en aquellos tiempos era considerada un animal impuro por ser carroñero, pero se engañaron rotundamente, porque creyeron que no podría actuar, mientras él, esta vez subido en un águila, liberó a todo un pueblo en el desierto. Pero de eso hace ya muchos años. Lo que te digo es que tiene mucha experiencia y su destreza no ha cambiado, es la misma ayer, hoy y lo seguirá siendo mañana.

Hasta aquí por ahora,
Papá.

FURIA NECESARIA

Η͂νιν ἄειδε, θεά (Ménin áeide, zeá), o lo que es lo mismo: *la furia canta, diosa*. Ese es el comienzo de La Iliada, ese buque literario de la cultura de Occidente. Hacía mucho que no leía los versos atribuidos a Homero, pero hace cerca de un año recibí un extraordinario regalo por parte de mi amigo Henry Velázquez, radicado en Madrid: se trataba de una edición limitada de La Iliada, pasta dura, bien cuidada. Volví a ella procurando comparar versiones y verificando su traducción. «La furia canta, diosa», ese es el inicio. *Ménis*, la cólera, la furia o la ira que inflama a Aquiles al rebelarse ante el abuso de su señor, el rey de reyes, Agamenón.

Μῆνιν es una palabra necesaria. Claro que no pretendo espolear la ira que se encamina rauda hacia la violencia. Me refiero, más bien, a la furia inteligente. Claro, porque el enojo, la ira, la furia, no son emociones improcedentes en sí mismas, hay furias burdas y hay furias agudas e inteligentes.

Ménis es necesaria cuando pensamos en la violencia machista para erradicarla. Esa furia no solo es necesaria, sino que es inteligente. No como la *Ménis* que hace que emerjan, vociferantes, los que gritan el salmodiado estribillo «violencia es violencia» o «a los hombres también nos matan». Esa otra furia es la *Ménis* descerebrada que corre ciega y enervada, llena de miedos y delirios, temiendo perder su privilegio.

Ménis es urgente cuando observamos el tinglado eclesiástico que sostiene el patriarcado, la discriminación, la violencia contra las mujeres. Y, como siempre, por cada *Ménis* necesario, hay un *Ménis* desbocado que se ofende sin saber muy bien por qué, que tiene miedo, que tiembla ante el cambio y grita, siempre grita; vocifera o escribe de corrido y en mayúsculas: ¡GENERACIÓN DE CRISTAL QUE SE OFENDE POR TODO, YA NO SE PUEDE DECIR NADA!

Mῆνιv es medicina cuando defiende al pobre, cuando se opone a la injusticia, a la desigualdad, a la obscena gula de los poderosos que, a su vez, propagan iracundos los estribillos de siempre llenos de *Ménis* mediática: «los pobres son pobres porque quieren», «comunismo o democracia», «comunismo o libertad». Viejos gritos añejos de injusticia.

Ménis es la llave de la libertad. Sin ella todo seguiría igual. *Ménis* es vida cuando una mujer rompe con una relación de violencia, cuando alguien deja a un jefe injusto, cuando un niño deja de ser abusado y golpeado, cuando el creyente puede creer sin imposiciones. Lo contrario a *Ménis* serían el yugo, la esclavitud, el abuso, el golpe, la segregación, el ostracismo, la exclusión, la discriminación... es decir, la muerte.

Se vale tener miedo y seguir adelante.
No importa si decepcionas,
¡sobrevive!

¿POR QUÉ EL EVANGELICALISMO BLANCO ES MACHISTA, RACISTA Y XENÓFOBO?

eto es una palabra que puede evocar muchas emociones. Desde el punto de vista de unos padres que esperan la llegada de un hijo o de una hija, el feto es la esperanza más preciosa del nuevo nacimiento, del milagro de la vida y de la ternura. Para otros, la palabra feto puede representar la debilidad más despreciable o la vulnerabilidad de un ser que aún no puede ser considerado digno. Incluso, para los que piensan que este mundo se está acabando y que cada vez es peor, la palabra feto puede asociarse con una tragedia que debe ser evitada porque sería preferible no traer más niños a este terrible mundo perdido.

En la edición del domingo 17 de diciembre del 2017, el periódico español *El País* hizo eco de las últimas noticias insólitas de la administración Trump. Según Nicolás Alonso, redactor del informe en el medio ibérico, el gobierno de Donald Trump había prohibido el uso de la palabra «feto» en los informes del Centro de Control de Enfermedades (CDC), la agencia más importante de la sanidad pública estadounidense. Tampoco se podían emplear términos como «diversidad» o «vulnerable» ni expresiones como «basado en pruebas» o «basado en datos científicos». La orden supuso otro giro dramático hacia una evidente concreción de ideas fascistas de esa administración y la agenda religiosa evangélica que subyacía en el ideario de Donald Trump se impuso. Para avanzar en la creación de una sociedad más «pura», «limpia», «santa» y «ordenada», era menester cambiar incluso el lenguaje, era necesario dejar de evidenciar toda forma de diversidad, malformación o debilidad en el ser humano porque, según la idea evangélica fundamentalista del expresidente norteamericano, existe una única forma de ser un buen ser humano, un correcto ser humano, un humano «natural y conforme al plan de Dios».

Para comprender lo dramático del asunto, es importante remitirnos a la urgencia evangélica por «depurar» el mundo, porque estamos en los «últimos tiempos» o en «los tiempos finales». Y es justamente aquí donde se mezclan la fe, la política y la escatología, entendidas desde una perspectiva fundamentalista. El resultado de dicha receta tripartita ya se ha vivido con anterioridad en la historia reciente y debemos regresar a ella para comprender lo que sucede hoy.

Escatología cristiana.
El curioso juego de palabras

Por una de esas curiosas casualidades del lenguaje sucede que la palabra *escatología* puede referirse a dos cosas totalmente distintas en la traducción del griego al castellano, dependiendo de la raíz etimológica desde la que partamos: puede referirse al conjunto de creencias relativas al fin de los tiempos (*schatos*) o al estudio de los excrementos (*skatos*). Así las cosas, todo lo que se refiere a la visión cristiana del fin de los tiempos puede definirse como escatología.

Malas interpretaciones escatológicas han generado numerosas tragedias, como los casos de la secta de los davidianos y del grupo sectario de Jim Jones, dos agrupaciones que llegaron a la conclusión de que debían suicidarse o cometer asesinatos para apresurar su llegada a la tierra prometida, ya que esta tierra estaba llena de pecado.

También es escatológica toda visión o estudio sobre los excrementos o los desechos y de alguna forma, aún más curiosa, ambos significados de escatología suelen unirse o fusionarse en la práctica. Es decir, para algunas visiones cristianas del fin de los tiempos, es preciso «eliminar» o «excretar» del mundo todas las «impurezas» o todo lo que sea considerado una «aberración» a partir de sus interpretaciones morales emanadas de la Biblia. El fin de los tiempos incluye un componente de eliminación o filtro. El cristianismo, cuando se sumerge en premuras escatológicas surgidas de ciertas interpretaciones bíblicas, levanta la espada de la «justicia divina» y de la «verdad absoluta» para «limpiar» este mundo porque «estamos en los tiempos finales», lo que da como resultado políticas que se pueden describir más como fascistas que como cristianas, como veremos a continuación.

La escuelita dominical
y el adoctrinamiento escatológico

A quienes crecieron en una iglesia evangélica de corte fundamentalista no les será difícil recordar la manera en que les fue enseñada la historia bíblica y la visión del final de los tiempos: las historias fueron emergiendo de rotafolios y de figuritas de fieltro, fueron narradas desde una visión ideologizada. Pero claro, eso no lo saben el niño y la niña cuando aprenden, ni el maestro o la maestra de la escuela dominical cuando enseña. Quizás nadie en la Iglesia sea consciente de la ideología que subyace sutilmente en la enseñanza.

La visión de la raza única

Volviendo a quienes pasaron por la escuelita dominical de una iglesia evangélica fundamentalista, ¿recuerdan haber visto figuras de fieltro que no fueran blancas, predominantemente rubias y de ojos azules? Es posible que los ángeles fueran altos, delgados, rubios y de ojos claros, no chinos, negros o latinos. Inconcebible, y hasta herético, sería pensar en Dios como mujer o como un ser andrógino o negro o latino.

Se hacía inconcebible pensar en un «más allá» lleno de colores porque ese «más allá» siempre fue presentado como un lugar con una «raza» única. Una raza blanca, más parecida a la idea fascista de «raza pura» que a la idea bíblica de «toda tribu y toda nación». Dios, tal como las pinturas de Miguel Ángel en la Capilla Sixtina, es mostrado como un hombre blanco europeo. Jesús es llevado al cine como un joven de tez blanca y ojos claros y su madre, María, es representada como una joven delgada y de semblante blanco.

Existe un texto fundacional de la idea de «raza» en el fascismo, el documento denominado *Il Fascismo e i problemi della razza* («El fascismo y los problemas de la raza»), que se publicó por primera vez el 15 de julio de 1938. Para el fascismo la raza es un problema y se aspira a «depurarla» para alcanzar una versión «superior». Es a partir de estas ideas que, posteriormente, se establecen las famosas «leyes raciales» llevadas al extremo durante el régimen nazi en Alemania.

Pero la Iglesia no se ha quedado atrás. En aras de conservar una raza «pura» y «sin mezclas», los cristianos legislaron en contra de las uniones matrimoniales entre personas de diferentes razas. En los Estados Unidos se legalizaron los matrimonios entre personas negras y blancas hasta 1967, aunque no en todos los estados, y antes de eso existía la *Racial Integrity Act*, una ley aprobada en 1924 que distinguía socialmente a los seres humanos entre blancos y gente «de color» e impedía las relaciones sexuales y el matrimonio mixtos. Fueron los evangélicos estadounidenses quienes se manifestaron acérrimamente en contra de la legalización del matrimonio entre personas negras y blancas. Además, la ley que prohibía los matrimonios mixtos también obligaba a la esterilización de los «locos, idiotas, imbéciles o epilépticos».

En 1958 una pareja mixta de jóvenes se casó y decidió tener un bebé, por lo que fueron arrestados y juzgados. El juez de primera instancia ante el que comparecieron, llamado León M. Bazile, les sentenció con estas palabras: «Dios todopoderoso creó las razas blanca, negra, amarilla, malaya y roja, y las puso en continentes separados. Pero las interferencias en su disposición no son motivo para este tipo de matrimonios. El hecho de que separara las razas indica que no pretendía que se mezclaran»[7]. La ley de segregación que prohibía los matrimonios mixtos fue derogada hasta el año 2000 en Alabama, sin embargo, Keith Bardwell, juez de paz de Hammond, Louisiana, les negó la licencia matrimonial a la blanca Beth Humphrey y al negro Terence McKay en 2009, alegando que, según su experiencia, «los matrimonios interraciales no duran mucho», y que «lo hacía por los hijos»[8].

La visión de los cuerpos perfectos

Las figuras de la escuela dominical tampoco tenían cuerpos distintos o diversos, las malformaciones no existían. Todas esas figuras eran siempre perfectas —excepto en los casos en los que Jesús lograba curar las enfermedades, entonces los cuerpos adquirían la forma y condición «adecuadas»—. La creencia popular dicta que los niños que mueren se convierten en «angelitos» (siempre blancos o rubios) y que quienes mueren con malformaciones reciben un cuerpo perfecto al fallecer, lo que contradice la imagen del mismo Jesús, quien resucita con sus propias facciones y cicatrices (Jn 20,20-25). No es de extrañar que la mayoría de las personas crezca pensando que en ese «más allá» será imposible reconocernos como los individuos que fuimos en la Tierra, aunque eso depende de la referencia que tengan: el Nuevo Testamento no dice que los cuerpos serán perfectos o diferentes, sino que serán glorificados (Flp 3,20-21) y que no pasarán vergüenza ni andarán desnudos (2 Cor 5,3).

Un mundo sin personas «imperfectas» o sin niños con malformaciones. En esa escatología subyacente en las enseñanzas de la escuela dominical, y de la Iglesia en general, no cabían las personas con enfermedades crónicas, con trastornos psiquiátricos —considerados posesiones demoníacas hasta el día de hoy— o con malformaciones congénitas. Para una gran parte del evangelicalismo todas esas características remiten a pecados, posesiones, maldiciones o ataduras espirituales, algo equiparable a la idea fascista de la Alemania nazi: los nazis tenían un programa llamado Acción T4, también conocido como «programa de redención», pues alegaban que eliminar personas con discapacidades o enfermedades era redimirlos de sus sufrimientos.

Así se unen dos razonamientos que justifican el asesinato de personas enfermas o discapacitadas: la aplicación de la higiene genética que buscaba la creación de una raza superior y el razonamiento meramente utilitarista, es decir, el ahorro de dinero que se ahorraría el Reich al eliminar personas «que previsiblemente nunca serán dadas de alta, que no trabajen lo suficiente como para poder pagar su manutención»[9].

Los bebés que nacían con malformaciones y los niños con discapacidades, problemas de aprendizaje o retrasos motores o intelectuales eran recluidos en centros pediátricos para ser analizados y, posteriormente, enviados a otros centros donde serían asesinados por medio de gases o mediante inyecciones letales.

Parte del programa Acción T4 era llevar un registro de «recién nacidos contrahechos». Mediante un decreto confidencial, emitido el 18 de julio de 1939, se exigía a médicos, instituciones, enfermeros y padres que informaran de la existencia de niños con alguna discapacidad para que fueran incorporados a ese registro. Había que notificar la existencia de niños con «retraso, Síndrome de Down, microcefalia, hidrocefalia, malformaciones de cualquier tipo, especialmente de extremidades, fisurales graves de cráneo o columna, etc., parálisis cerebral y otras»[10]. El decreto se justificaba diciendo que los datos recabados servirían para fines científicos y para la búsqueda de cura y prevención de malformaciones.

Aquí vuelve a resonar la mixtura terminológica de las «escatologías», que oscila entre pensar que el mundo se acaba pronto y descartar —o, al menos, ocultar— el desecho, lo que es considerado sucio, lo que «no sirve», como lo prescriben las ya mencionadas disposiciones de la administración de Donald Trump en las que se prohíbe mencionar, incluso, las palabras «feto» o «vulnerable».

La visión del pueblo políticamente correcto

La corrección política es también parte del adoctrinamiento fundamentalista de la Iglesia. A los niños se les enseña desde muy pequeños a ser «políticamente correctos» a través de imágenes que representan «lo correcto»: familias blancas o caucásicas —en el *más allá* asexuadas— con vestidos y trajes al estilo *evangelical* norteamericano, antiárabes e islamófobos, pero siempre también anticomunistas y, en su momento, también, antijudíos. Muestran una visión en la que el hombre siempre debe ser superior a la mujer y el cristiano siempre debe ser superior al ateo o a las personas que profesan otra fe.

Para el teólogo suizo Hans Küng, aunque hubo vigorosas manifestaciones eclesiásticas, tanto protestantes como católicas, en contra del régimen Nazi de Hitler, la Iglesia en general se adhirió a sus enseñanzas, creyendo que eran acordes a los valores cristianos.

En palabras de Küng: «El antisemitismo racista, que alcanza la cima del terror en el holocausto, habría sido imposible sin la prehistoria casi bimilenaria del anti–judaísmo religioso de las iglesias cristianas»[11]. Para demostrarlo, el suizo nos remite a una serie de equiparaciones fascistas en las medidas históricas eclesiásticas y las medidas raciales nazis, ambas, en este caso, contra los judíos:

Derecho canónico	Medidas nazis
Prohibición de matrimonio y de relaciones sexuales entre judíos y cristianos (Sínodo de Elvira, 306).	Ley para proteger la sangre y el honor germánicos, 15 sept. 1935 (RGBI I,1 146).
Prohibición de que cristianos y judíos coman juntos (Sínodo de Elvira, 306).	Se prohíbe a los judíos acceder al vagón del restaurante (Ministro de Transporte al Ministro del Interior, 30 dic. 1939, Nü. Doc.: NG 3995).
No se permite a judíos ejercer cargos públicos (Sínodo de Clermont, 535).	Ley para restablecer el funcionamiento profesional, 7 abril 1933 (RGBI I,175).
No se permite a judíos tener esclavos, doncellas o siervos cristianos (III Sínodo de Orleans, 538).	Ley para la defensa de la sangre alemana y el matrimonio alemán, 15 sept. 1935.

En total, Hans Küng enumera 20 disposiciones equivalentes entre el Derecho Canónico de la Iglesia y las leyes raciales nazis en su libro *El judaísmo*. Las iglesias protestantes no se opusieron al régimen nazi, sobre todo porque el nazismo estaba en contra del marxismo, del liberalismo y del ateísmo. Es decir, como ir en contra del comunismo y del nazismo era lo «políticamente correcto», apoyaron las ideas nazis de Hitler: el movimiento católico *Cristianos alemanes*, en una directriz del 26 de mayo de 1932, exigía una «fe en Cristo afirmativa y nacional» y la Iglesia protestante afirma: «Vemos en la raza, nacionalidad y nación órdenes de vida que Dios nos ha regalado y confiado. Cuidar su conservación es para nosotros ley de Dios. En consecuencia, hay que ir contra la mezcla de razas».[12]

En Latinoamérica podemos ver un fenómeno similar. El apoyo de las iglesias a las dictaduras militares se basaba en la creencia de que era «políticamente correcto» estar en contra del comunismo y del ateísmo, sobre todo por influencia ideológica de los misioneros norteamericanos que ayudaban a plantar iglesias y que ofrecían educación religiosa y teológica. Esto desembocó en la persecución, tortura y desaparición de miles de personas consideradas simpatizantes del marxismo, de opositores del régimen o de miembros de etnias indígenas. La masacre de los sacerdotes jesuitas y el asesinato de Monseñor Óscar Arnulfo Romero en El Salvador son ejemplos paradigmáticos de la barbarie contra la que algunos se opusieron heroicamente. A pesar de estos hechos, la Iglesia evangélica latinoamericana promueve el anticomunismo y, más recientemente, la islamofobia, hasta el día de hoy.

La interpretación de la escatología cristiana se hacía desde el paradigma de la Guerra Fría, cuando se luchaba contra el comunismo: Og y Magog, de los capítulos 38 y 39 del libro de Ezequiel, se interpretaban como una profecía acerca de la URSS y el Apocalipsis se leía con las claves ideológicas «capitalismo versus comunismo» o «Estados Unidos versus Unión de Repúblicas Socialistas Soviéticas (URSS)» (se decía que el león representaba Inglaterra, el oso a la URSS y el leopardo y el águila negra a Alemania). Estados Unidos se relacionaba siempre con Israel y con el «pueblo elegido de Dios», era la nación elegida para defender al Evangelio, a Israel y a la Iglesia ante los feroces ataques del comunismo de la URSS. Por eso la Iglesia en general luchó a brazo partido en Latinoamérica contra las ideas marxistas, incluida la teología de la liberación.

Existe todavía un pesado estigma contra aquellos cristianos que simpatizan con ideas de izquierda, que deploran los abusos del régimen sionista contra la población palestina o que no difaman el Islam. ¡Ni qué decir de la satanización de las minorías sexualmente diversas y de quienes las apoyan! La Iglesia católica, aliada del régimen fascista de Francisco Franco en España, también participó en la persecución de las minorías sexualmente diversas, quienes fueron encarceladas, torturadas y asesinadas, como fue el triste caso del poeta granadino Federico García Lorca.

La visión del pueblo elegido

Finalmente, el adoctrinamiento fundamentalista crea la idea de un pueblo separado y elegido que debe conservar toda su pureza sin mezclarse con «el mundo». La idea bíblica de la Iglesia como la «novia que se viste de lino fino, limpio y resplandeciente» (Ap 9, 18a) es interpretada como «pueblo moral y espiritualmente superior que debe vestirse bien y cuya prosperidad es símbolo de santidad y bendición de Dios». Esta interpretación, sin embargo, no considera la segunda parte del versículo, en la que se describe al lino *fino, limpio y resplandeciente* como «las acciones justas de los santos» (Ap 9,18b) Al obviar esa segunda parte del versículo, la Iglesia se concibe a sí misma como un pueblo superior que debe luchar como un ejército en contra de la «obra del anticristo», sea esta idea fruto de una mala interpretación bíblica o no.

En ese sentido, la escatología fundamentalista considera la guerra como una opción válida, una interpretación que dista mucho de «las acciones justas de los santos» (Ap 9,18b) y que admite la aniquilación sistemática, bélica e inmisericorde de «los enemigos del pueblo elegido de Dios» sea este pueblo Israel —como nación— o la Iglesia como expresión espiritual del «nuevo Israel». Así, bombardear pueblos palestinos repletos de niños inocentes es visto como una consecuencia de la maldad de los «enemigos de Dios» y como parte de «lo que tiene que pasar en los últimos tiempos». El cristiano abocado a creer en esta escatología justifica la muerte, la sangre, la tortura (Guantánamo, Abu Ghraib, Gaza, Siria, Irak) y el asesinato público y aleccionador (Saddam Hussein, Osama Bin Laden, Gaddafi) sin ningún tipo de remordimiento ni de misericordia, porque existe una lógica inconfesada de que los «malos» merecen y deben morir: nada más alejado de la enseñanza cristiana de amor al prójimo.

La visión del Estado como extensión de Dios

En esa misma línea, una parte de la escatología evangélica une la fe, el espacio geográfico y el Estado en un solo amasijo de ideas, pues considera que los Estados son como una extensión de Dios. Al igual que lo consideraba el nacionalsocialismo de Hitler, la tierra y el Estado son dados al ser humano por Dios, por lo tanto, el Estado debe velar por la protección de los valores cristianos. El Estado confesional se justifica porque la tierra es una extensión de Dios mismo, es Él quien se la entrega a su pueblo (y no a otros pueblos). La religión debe ser parte del Estado mismo para lograr salvar la tierra. Así las cosas, es evidente que el empecinamiento cristiano en el Estado confesional es un síntoma más fascista que evangélico, más fascista que cristiano. De la misma manera que el sionismo justifica su «derecho divino» sobre la tierra partiendo del Antiguo Testamento, este cristianismo percibe el Estado como una extensión de Dios y como garante de la ley divina.

Recordemos los salmodiados eslóganes evangelísticos *Costa Rica para Cristo* y las ideas tan arraigadas de que la economía, la seguridad, la prosperidad y la estabilidad del país están estrictamente relacionadas con las posibilidades de un gobierno de confesión cristiana, pues lo contrario sería el acabose, el castigo divino, la ira de Dios y la ruina del país. Los desastres naturales se ven como consecuencia de la ira divina, pues son producto del pecado de la nación, —sobre todo si ese país ha cometido el pecado de darles derechos de las minorías sexualmente diversas—. Es también paradigmático el caso del presidente Efraín Ríos Montt en Guatemala, un pastor evangélico que fue artífice del exterminio de pueblos indígenas enteros durante su corto mandato dictatorial.

La visión escatológica como antiecología

Si se va a salvar algo, que sea solo el ser humano. La creación entera puede destruirse y debe destruirse, al igual que los «enemigos» de Dios. La Tierra y los animales son inferiores y carecen de salvación. Todo fascismo es escatológico. Es decir, para que el pensamiento fascista emerja, debe existir una urgencia final, una visión del final de la historia tal y como la conocemos y una clasificación de lo que debe salvarse y lo que no.

Lo anterior no quiere decir que cada evangélico que se adhiera al conservadurismo descrito en este libro sea fascista, como tampoco sería realista afirmar que quien vote por un partido de izquierda es inmediatamente un comunista. Sin embargo, es importante reconocer en nosotros mismos las ideas que hemos albergado y rastrear si sus orígenes pueden estar enraizados en ideologías políticas cercanas al fascismo y su concepción del mundo y del fin de los tiempos.

En realidad, la idea bíblica del mundo es muy diversa. Basta con acercarnos sinceramente al importantísimo acontecimiento de Pentecostés, en Hechos capítulo dos, donde no encontramos una manifestación de *glosolalia* (hablar en lenguas espirituales) sino, más bien, una verdadera *xenoglosia* (hablar las lenguas de otros pueblos), dejando por concluida la separación de los pueblos originada en el relato de la Torre de Babel. Esa visión escatológica no posee una etnia única, ni siquiera una idea única de forma de vida, sino que en el Reino de Dios pueden convivir los que a primera vista son dispares o contradictorios. Así lo podemos vislumbrar en la visión de Isaías de la convivencia sana y pacífica entre los que antes se consideraban oponentes o enemigos: «Morará el lobo con el cordero, y el leopardo con el cabrito se acostará; el becerro y el león y la bestia doméstica andarán juntos, y un niño los pastoreará» (Is 11,6).

El *pueblo elegido* es, más bien, una familia diversa. Esto del *linaje escogido* se obtiene al traducir la expresión griega γένος ἐκλεκτόν (*genos eklecton* en 1 Pe 2,9), una traducción que podría alejarnos de la idea cerrada judeocéntrica y abrirnos a la noción de una verdadera familia ecléctica o diversa. La primera palabra es «familia» (γένος, «genos», como en *indi-genos* o *geno-cidio*), una familia grande que es descrita como «elegida» (ἐκλεκτόν).

La palabra «elegida» es sumamente importante. Ya en la época de Pedro se entendía como algo que no tiene extremismos, sino que contempla muchas formas y posibilidades. Se compone de las partículas «ek» —en latín *ex*, que significa desde afuera (como en *eclipse* o *exótico*)— y «lektos» —que significa leer, expresar, decir o elegir (como en *día-lecto*). Literalmente «leer o elegir desde afuera». El sentido más profundo del término tiene que ver con la capacidad de algo o de alguien de escoger *desde afuera* y se usa también con el sentido de unir cosas de muy variada índole, sin embargo, es en el siglo II después de Cristo cuando la palabra adquiere su sentido más claro, como veremos a continuación.

Existían muchas escuelas de medicina que no lograban conciliar sus ideas unas con otras, entre ellas estaban los «dietétikos», los «pharmaceutikos» y los «kirurgikos». Cada una de ellas abordaba las enfermedades desde un único punto de vista, hasta que la medicina romana unió todo como un solo cuerpo bajo el concepto «sincretikos». Galeno aportó después una nueva opción más conciliadora y armónica a la que se llamó «ekléctica», que consistía en tener la libertad de elegir o *beber* de las diferentes posturas para formar una mejor opinión. La Iglesia, entonces, es una familia que tiene la libertad de elegir lo mejor de muchas partes y de conciliar extremos y evitar sectarismos.

Dicho todo lo anterior, podríamos proponer una traducción comprensiva del texto como sigue: Ustedes serán una familia (*genos*) diversa (*eklcton*), sacerdocio perteneciente al Reino, una etnia (*ethnos*) separada voluntariamente (*agion*) para anunciar las virtudes del que los llamó de la oscuridad a su luz maravillosa.

En la sociedad del Nuevo Testamento, aunque existan diferencias, todos son vistos como iguales: «Ya no hay judío ni griego; no hay esclavo ni libre; no hay varón ni mujer; porque todos vosotros sois uno en Cristo Jesús» (Gal

3,28), «donde no hay griego ni judío, circuncisión ni incircuncisión, bárbaro ni escita, siervo ni libre, sino que Cristo es el todo, y en todos» (Col 3,11).

Una sociedad, incluso, donde la enfermedad, la discapacidad o la malformación son aceptables como puras. Como el caso de Jacob en el texto de Génesis (Gn 32,32) en el que su discapacidad queda como signo de una bendición de Dios y de la fundación de Israel, o el de la visión redimida de Mefi-boset que, aún con su patente discapacidad, fue sacado de *lodebar* (*donde no se habla* o *el lugar de la ignominia*) y fue llevado al palacio a comer a la mesa del rey (2 Sm 9). También es el caso de Pablo y su dura condición, que no menoscaba el valor de su apostolado (2 Cor 12,7).

DAME ALGO QUE PUEDA ODIAR CON TODAS MIS FUERZAS

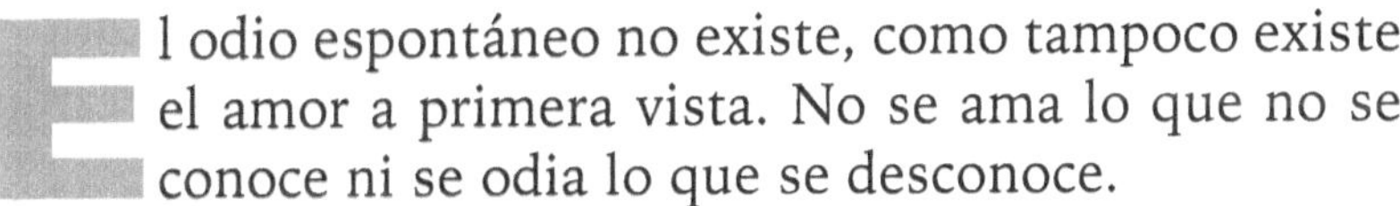

El odio espontáneo no existe, como tampoco existe el amor a primera vista. No se ama lo que no se conoce ni se odia lo que se desconoce.

No puedo odiar al vecino nuevo del barrio porque no lo conozco. No puedo odiar a una persona por sus ingresos, sea pobre o rica, no importa, no la conozco. Sin embargo, hay manifestaciones de odio contra poblaciones enteras debido a su condición socioeconómica y hay muchas personas que pueden expresar odio por aquellos que vienen de afuera, sin conocerlos.

El odio espontáneo es una ficción. No odiamos a ese ser que no conocemos, odiamos lo que nos han dicho que debemos odiar de él. Y ese es un odio que se ha cultivado durante mucho tiempo y que se ha instalado en los corazones esperando salir y expresarse con urgencia. Es así que miles de personas cargan el odio —genérico, digamos— como una sentencia de muerte firmada por el juez que en lugar de llevar el nombre del condenado solo tiene un espacio en blanco, listo para ser llenado con el nombre de un homosexual, una feminista, un político, un extranjero, una niña activista, un mendigo o un don nadie.

Es como si se escuchara un gigantesco coro que repite hipnóticamente una canción que reza: Dame algo que pueda odiar con todas mis fuerzas, lo que sea, un perro, una mosca, una mujer, un diputado, un cristiano, un ateo. Dame algo que pueda odiar con todas mis fuerzas, lo que sea, un político, un pastor, una lesbiana, un bebé, un árbol, un sacerdote o un payaso. Dame algo que pueda odiar con todas mis fuerzas, lo que sea, un papá, una mamá, un abuelo, un maestro... yo.

La gente odia a ciegas. La gente tiene las manos llenas de dardos envenenados y está lista para dispararlos contra quien sea porque siente urgencia de soltarlos. La gente lee ávidamente las noticias, esas amarillistas y sensacionalistas, diseñadas expresamente para exacerbar los odios hambrientos. A la gente le dan noticias como si fueran los huesecillos que lanzan a los perros, que corren desesperados para roerlos ávidamente. No importa el hueso ni a quien pertenecía o cómo se llamaba, el perro lo muerde, lo chupa, lo babea, lo rompe, lo succiona. No pregunta quién, cómo, cuándo, por qué ni dónde. Lo muerde, lo usa, le gruñe, lo entierra y lo deja en espera del siguiente hueso. No es el hueso, es el hambre de hueso.

Dame algo que pueda odiar con todas mis fuerzas, lo que sea, un perro, una mosca, una mujer, un diputado, un cristiano, un ateo. Dame algo que pueda odiar con todas mis fuerzas, lo que sea, un político, un pastor, una lesbiana, un bebé, un árbol, un sacerdote o un payaso. Dame algo que pueda odiar con todas mis fuerzas, lo que sea, un papá, una mamá, un abuelo, un maestro… yo.

CAMBIO DE PLANES

*Estos cuentos fueron escritos para Santi
mientras estaba en la Unidad
de Cuidados Intensivos.*

Diciembre del 2019

¡TRANSBORDO!

Querido Santi,
Hoy nos han notificado que tu desempeño a bordo del Santa Fe ha sido conmovedor.

Has tenido una disciplina estoica ante cada situación. Los días han pasado y, de vez en cuando, el tiempo parecía detenerse en una especie de inercia desesperante. Pero has sabido sortear la desesperación. En el último comunicado te dije que había habido una fuerte reyerta con un ejército de pequeños rufianes. Supongo que ya sabés que se trataba de una batalla descrita como «guerra bacteriológica». No comprendo por qué la gente dice que las «guerras bacteriológicas» son las guerras del futuro, si son justamente las más antiguas a las que ha tenido que enfrentarse el ser humano. Antes de luchar contra las fieras, antes de luchar en las guerras de clanes y, evidentemente, mucho antes de ponerles el pecho a los tanques y a las balas, ya nos habíamos enfrentado a la temida guerra contra las huestes bacterianas, esas, letales, que resultan del todo invisibles para el ojo natural.

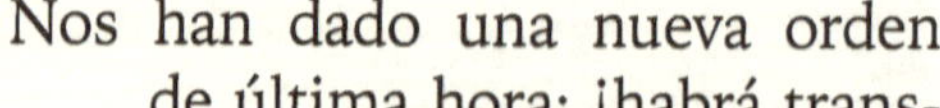

Nos han dado una nueva orden de última hora: ¡habrá transbordo! Nos han asignado una nave pequeña, un cazasubmarinos llamado Anástasis. Ya ves, ¡qué maravilloso nombre para un cazasubmarinos! El Anástasis debe eliminar toda posible amenaza submarina y evitar que el Santa Fe tenga que volver a entrar en acción. Tu papel sigue siendo crucial para el éxito de la operación. Ahora que te han quitado la escafandra galáctica, el trabajo que te toca es absolutamente analógico. Ya no tendrás la asistencia del equipo de tecnología inteligente y vas a navegar con tus propias fuerzas. Sabemos que estás preparado para eso y que el Capi no deja de sobrevolar resguardando el perímetro.

Te cuento que a mamá la han condecorado con la medalla al valor por su valentía, coraje e incansable labor.

Otra noticia importante: La Liga empató con Heredia y el global le sigue dando el gane al herediano (el marcador es 2-0).

Todas las cosas empiezan a pintar mejor.

¡Hasta la victoria siempre,
mi pequeño compañero!
Papá.

OTRO «MURO» ES POSIBLE

Martes 5 de agosto de 2014, 8:00 a. m.: lectura del libro de los Salmos. Lo hago desde el hebreo, lentamente, rítmicamente. Leo con placer las grafías hebraicas, un poco desarrapadas y tímidas, que caminan tambaleantes. Son como niños recién levantados por la mañana.

Leo desde el hebreo para recordarme a mí mismo cuán apasionante es esa lengua, para recodar que mi corazón ha sabido construir el único muro justo y justificable del mundo: el que separa la maldad del fanatismo de unos pocos de la fascinante belleza de la fe buena y sencilla de muchos. Ese muro que se eleva rectilíneo —no es curvo ni sinuoso— y que sabe distinguir sin asomo de duda entre una bomba, un tanque y un mortero, entre el *shemá,* un *talit y* un *kippa.* Alto, riguroso como un cortapisas, ese muro pone freno a las vagas generalizaciones y demuestra que no todos quieren lanzar bombas, ni todos desean la muerte del otro. Nos demuestra que no todos son terroristas ni todos tienen sed de venganza.

Tomo un sorbo de café estilo árabe, el mejor. Observo la pequeña alfombra para *salat* que conservo y recuerdo la admiración que siento por tantos millones de personas que se arrodillan cinco veces al día para orar con la frente en el suelo, símbolo de humilde entrega.

Entonces me doy cuenta de que las bombas y los odios ajenos no han menguado mi amor y respeto por ellos, por nadie. Me doy cuenta de que me emocionan por igual el niño judío que corre hacia su padre con los brazos extendidos y diciendo *«abba, abba»* o que gira su cara y llama a su madre *«imma, imma»*, y la pequeña niña palestina que sonríe con su cabeza delicadamente cubierta y que salta de alegría al ver llegar a su *«baba, baba»* y a su *«ummi, ummi»*. Y se me escapa una sonrisa al volver a constatar la hermandad de esas palabras, su sonora familiaridad, su genética semítica indisoluble, inseparable y eternamente compartida que los emparenta, aunque a veces sus padres no lo quieran. Son familia.

Martes 5 de agosto de 2014, 8:30 a. m.: Leo las noticias. Se retiran las tropas israelíes de Gaza, nadie gana, nadie pierde. Todos pierden, nadie gana. Pero sonrío ante la esperanza de una nueva oportunidad. Entonces recorro, como tantas veces, las páginas de Amos Oz, como quien regresa a una ciudad donde ha vivido experiencias inolvidables:

> *Los palestinos están en Palestina porque ésta es la patria, la única patria de los palestinos. Los judíos israelíes están en Israel porque no hay otro país en el mundo al que, como pueblo, como nación, puedan llamar hogar.*

Los palestinos han intentado, a regañadientes, vivir en otros países. Fueron rechazados, a veces incluso humillados y perseguidos. Se les hizo tomar conciencia de su «palestinidad»; no fueron aceptados como libaneses, ni como sirios, ni como egipcios, ni como iraquíes. Tuvieron que aprender con dureza que son palestinos y que Palestina es el único país al que pueden aferrarse.

Curiosamente, los judíos han tenido una experiencia histórica un tanto paralela. Fueron expulsados a patadas de Europa [...] Los palestinos quieren la tierra que llaman Palestina. Tienen razones muy poderosas para quererla. Los judíos israelíes quieren exactamente la misma tierra por exactamente las mismas razones.

Se requiere llegar a un acuerdo, a un compromiso doloroso. Y la expresión «llegar a un acuerdo» tiene una reputación nefasta en la sociedad europea. Especialmente entre los jóvenes idealistas, que siguen considerando que llegar a un acuerdo es falta de coraje. No en mi vocabulario. Para mí, la expresión «llegar a un acuerdo» significa vida. Y lo contrario de llegar a un acuerdo no es idealismo ni devoción. Lo contrario es fanatismo y muerte.

Se requiere llegar a un acuerdo, a un compromiso, no llegar a una capitulación. Lo que significa que los palestinos jamás deberán arrodillarse. Ni tampoco los judíos[13].

Martes 5 de agosto de 2014, 8:45 a.m.: Paz.

DIÁLOGO

**Permítanme reproducir un pequeño diálogo
que tuve hace unos días a través de WhatsApp:**

Hola José, he estado pensando lo bueno que sería una charla sobre el amor y 1a de Corintios 13. ¿Será que el amor debe soportarlo todo? ¿Perdonarlo todo? Pienso en las mujeres en situación de violencia y el mal uso que puede dársele a ese pasaje. A propósito del Día del amor, besos para Pau, Santi y Lau.

—El amor lo soporta todo siempre y cuando ese todo venga del amor. ¿Carestía? Se puede soportar. ¿Enfermedad? Se puede soportar si hay amor. ¿Dolor? También. Pero cuando lo que viene no representa un acto de amor, se debe rechazar tajantemente.

—Así es. Justamente así.

—La agresión, el abuso y la humillación no pueden venir del amor. Por eso deben ser rechazados, nadie debe soportar eso. El problema de raíz es un problema conceptual: la gente no sabe qué es el amor y cree que se puede amar golpeando, que se puede amar violentando, que se puede amar humillando. En los primeros versículos del capítulo 13 de la primera carta a los Corintios se dice que el amor tiene *paciencia, un golpe es la expresión viva de la intolerancia e impaciencia. El capítulo 13 de la primera carta a los Corintios dice que el amor no ofende ni humilla. Cuando se dice que todo lo soporta, debe enmarcarse ese amor en el concepto correcto de amor, empezando por el amor a uno mismo, que puede soportar la separación cuando es necesaria.*

—Esto que escribís les haría tanto bien a tantas mujeres...

DAR LA OTRA MEJILLA

Fragmento de la novela Mysterium Salutis

Los hermanos de la Iglesia Libre escuchaban las palabras de Conrad con atención. Temerosos, atentos. ¡Cuánto había cambiado este joven muchacho! No hacía demasiado tiempo que su fama de borracho y pendenciero, de orgulloso hijo de ricachón y vago corría por las calles de Zúrich y ahora estaba ahí, liderando con gallardía la reforma radical en la clandestinidad.

—¡Pero nosotros no cerramos los ojos ante el *Sermón de la Montaña!* El Maestro nos dice que si recibimos una bofetada en la mejilla derecha...—¿Debemos permitirlo? —interrumpió un joven canijo de ojos saltones que se había unido al grupo hacía no mucho tiempo.

—Una bofetada en la mejilla derecha simboliza la peor humillación pública. Jesús está hablando con un símbolo.

—No entiendo, maestro —reclamó el muchacho.

—Para poder abofetear a alguien en la mejilla derecha, el agresor debía dar el golpe con el dorso de la mano. La mano derecha es la que golpea. En el tiempo de Jesús, la mano derecha era la mano limpia. Y golpear con la parte externa de la mano equivalía a decir algo así como que la otra persona es tan indigna que sería asqueroso tocarle la mejilla con la parte interna de la mano. Nadie se atrevería a usar su mano izquierda, no había otra manera que abanicar el brazo de izquierda a derecha para golpear con la parte externa.

Grebel mostró el movimiento abanicando su brazo derecho.

—Aun no entiendo lo que quiere decir, maestro.

—Cuando Jesús nos dice que giremos la cara para exponer la otra mejilla, lo que nos está diciendo es que escondamos la mejilla derecha, la correcta, la única donde el agresor puede utilizar para humillarnos. Girar la cabeza es ofrecer algo diferente, cambiarlo todo. El agresor no quiere golpear la mejilla izquierda, no le sirve. Es un agravio para él. Tampoco utilizará su mano izquierda, la incorrecta. Además, la única forma en la que la mejilla izquierda queda servida en bandeja para que una mano derecha la abofetee es dándole la espalda al agresor. Y, como todos sabemos, ningún agresor se podría sentir orgulloso de golpear por la espalda. ¡Es un deshonor!

—Girarnos, darles la espalda... ¿huir?

—Jesús no nos pide venganza, como predican Müntzer y los locos que lo siguen. Tampoco es aliarnos con el agresor, como hacen Lutero y los suyos. Ni venganza ni capitulación. Huir si es necesario, sí. Pero también luchar. Hay otras formas de lucha, lucha pacífica, lucha no violenta.

Parecía mentira que su antiguo maestro, el bueno de Zwinglio, se hubiera transformado en el peor enemigo de Conrad y de los demás discípulos.

Fueron cazados como conejos.

ANAMNESIS

Hace ya unas cuantas semanas que Laura y yo hemos estado viendo series que tocan el tema de la memoria. Primero vimos una serie alemana llamada *Biohackers,* que trata sobre un experimento clandestino llamado *homo deus* que pretendía modificar el ADN de cientos de bebés para crear el sistema inmune perfecto. Pero algo sale mal en la historia y los responsables del *homo deus* intentan borrar la memoria de la única superviviente del experimento. Luego nos trasladamos a Estados Unidos con *Tres idénticos desconocidos,* un documental sobre un experimento ilegal realizado a decenas de gemelos, separados al nacer y dados en adopción para estudiar si las enfermedades psiquiátricas se heredan o se aprenden y cuánto impacto tiene el ambiente de crianza en el desarrollo de trastornos mentales. Actualmente estamos viendo *Otwórz oczy,* una serie polaca que se desarrolla en una extraña clínica llamada *Segunda oportunidad* en la que supuestamente se procura devolver la memoria a personas que padecen de amnesia. Recomiendo las 3 producciones.

Amnesia es lo contrario de anamnesis: la anamnesis es el objetivo de esa extraña clínica polaca llamada *Segunda oportunidad*, es el doloroso ejercicio que tuvieron que realizar los trillizos protagonistas del documental al rememorar todo lo que les hacían de niños. Incluso es lo que la protagonista de la serie alemana debe hacer cada vez que su cerebro se deteriora y borra memorias específicas (¿Cómo era mi abuela? ¿Dónde vivía yo? ¿A quién amaba hace solo 3 meses?).

Anamnesis es el proceso de recopilación de datos de un paciente que permite construir su historia clínica o describir sus padecimientos. Los datos se obtienen escuchando los recuerdos del mismo paciente. Yo, sin embargo, me concentro aquí en el significado etimológico general de la palabra: el prefijo griego «an» significa negación o contrariedad, con lo que palabras como «anhidris» se entienden como no-agua y *anamnesis* significa no-amnesia.

Mis hijos, de 10 y 6 años, casi no recuerdan cómo era la vida antes de la pandemia, por lo que su ejercicio de anamnesis debe ser constante. Aunque esa realidad nunca regresará, saberla y poseerla en la memoria es tan importante como recordar comer, caminar o hablar, porque de ella depende mucho el futuro que elijan, que elijamos, que nos dignemos a crear para el mañana.

PSEUDO ANAMNESIS

El problema de perder la memoria es que cualquier sistema nos puede inocular recuerdos modificados o moldeados ideológicamente, o puede crear memorias que nunca ocurrieron. Sucede con casi todo: la forma en que comprendemos la independencia de nuestros países, la manera en que votamos, la forma en que elegimos pareja o la carrera que estudiamos... ¡alguien, al mejor estilo de

Inception, nos diseñó memorias ya adecuadas y adaptadas ideológicamente! No vivimos la Segunda Guerra Mundial, pero alguien nos creó una memoria, un recuerdo en el que Estados Unidos fue el héroe absoluto y Rusia ni pintó en el asunto. A otros, sin embargo, les obsequiaron una memoria inversa a la real.

No vayamos tan lejos: cada uno de nosotros tiene un momento de iluminación en el que se pregunta por qué se llama como se llama. Como esa memoria no existe en nuestro registro cerebral, recurrimos a nuestros padres, quienes quizás no recuerden muy bien cómo fue que llegaron al acuerdo de honrarnos con nuestro nombre. Entonces nos cuentan una historia —algunas más fantasiosas que otras— a partir de la cual creamos un recuerdo inoculado del que desprendemos toda una identidad personal.

¿Cuántos de nuestros recuerdos son verdaderamente nuestros? No lo sabemos. Me causa cierto escalofrío intentar hacer arqueología de mi subconsciente para averiguar si lo que creo que recuerdo es un recuerdo o una herencia de un recuerdo.

AMNESIA ETIMOLÓGICA

Nos pasa con todo. Hablemos de nuestra lengua, por ejemplo, del idioma y de la forma en que hablamos. Quienes me conocen o han leído alguno de mis libros sabrán que soy un entusiasta de las lenguas. Me interesa saber por qué hablamos como hablamos o por qué usamos cierto vocablo. ¿Cuál es la historia de aquella palabra y cómo llega a nosotros?.

Algunas personas creen que el español siempre se ha hablado así, como lo hablamos hoy en nuestro rincón geográfico, o piensan que las palabras siempre tuvieron el mismo sentido y uso. Por eso solemos ver a tanta gente enfurecida cuando sienten que nuestro idioma quiere cambiar... como si nunca hubiera cambiado. A eso le llamo amnesia etimológica. Y esa enfermedad también requiere de un internamiento en la clínica *Segunda oportunidad* para tratar la anamnesis lingüística. Lo explico:

La lucha por hablar «correctamente» es una pelea de ciegos. Es como cuando dos personas viajan a un país desconocido y se pelean por elegir el camino correcto, cuando en realidad no conocen la memoria de una ruta correcta porque nunca la tuvieron. No conocen el camino. Las personas que se pelean por el lenguaje inclusivo, ya sea en su defensa o en su contra, podrían estar peleando desde la amnesia y eso causa una lucha sin fin y sin sentido. Hace falta una anamnesis etimológica.

Casi todas las personas saben que una de las lenguas ancestrales del español es el griego. Esa es una memoria heredada, pues no es un conocimiento que se posea realmente. Aún más rebuscada es la memoria del ancestro mismo: ¿cómo podríamos recordar algo que nunca estudiamos? Ya sé que muchas personas defensoras del lenguaje binario no inclusivo son cristianas y que quizás conozcan el griego del Nuevo Testamento, pero no me refiero al *koiné* neotestamentario, aquí me refiero al griego antiguo.

En el capítulo I del Libro IX de las Etimologías de Isidoro de Sevilla (560 – 636) encontramos una sección dedicada a las lenguas de los pueblos:

«Si se pregunta en qué lengua hablarán los seres humanos en el futuro, no es posible encontrar respuesta. De hecho, el Apóstol dice: "Hasta las lenguas faltarán". Por eso hemos tratado

primero las lenguas y solo después hablaremos de los pueblos: **porque los pueblos han nacido de las lenguas y no las lenguas de los pueblos».** (Énfasis del autor).

Las sociedades sí se transforman por medio del lenguaje. Los pueblos y sus culturas, sus ideas y creencias, mitos, amores y sexualidades se construyen a través del lenguaje que usan. Claro que esto no es una idea nueva de la sociología contemporánea ni del tan vituperado discurso feminista —apellidado peyorativamente «neomarxista»—, nada por el estilo. Ya eso se sabía de sobra en el año 600 de nuestra era, como lo constata con claridad Isidoro de Sevilla.

Pero hemos olvidado —o, mejor dicho, nos han obligado a olvidar— que eso era ya un conocimiento generalizado hace casi dos milenios. Ahora solemos escuchar que esa idea nace del intento contemporáneo de destruir nuestros valores, nuestra cultura y la familia.

Vayamos al grano: ese ancestro de nuestro idioma, el griego antiguo, poseía 3 géneros y 3 números. Nuestro español contemporáneo solo es capaz de describir el mundo de una manera binaria, esto es, las cosas son masculinas o femeninas, mientras que el griego antiguo poseía un género más: el neutro. Veamos, como ejemplo, el famoso pasaje de Platón en el que se refiere al *alma gemela,* de donde aprendimos a hablar de *media naranja.* Cito varios extractos de El banquete[14]:

Eran tres los sexos y de estas características, porque lo masculino era originariamente descendiente del sol, lo femenino, de la tierra y lo que participaba de ambos, de la luna, pues también la luna participa de uno y de otro.

Tras pensarlo detenidamente dijo, al fin, Zeus: «Me parece que tengo el medio de cómo podrían seguir existiendo los hombres y a la vez cesar de su desenfreno haciéndolos más débiles. Ahora mismo, dijo, los cortaré en dos mitades a cada uno y de esta forma serán a la vez más débiles y más útiles para nosotros por ser más numerosos.

Así pues, una vez que fue seccionada en dos la forma original, añorando cada uno su propia mitad se juntaba con ella y rodeándose con las manos y entrelazándose unos con otros, deseosos de unirse en una sola naturaleza, morían de hambre y de absoluta inacción, por no querer hacer nada separados unos de otros.

Y cada vez que moría una de las mitades y quedaba la otra, la que quedaba buscaba otra y se enlazaba con ella, ya se tropezara con la mitad de una mujer entera, lo que ahora precisamente llamamos mujer, ya con la de un hombre, y así seguían muriendo.

La palabra *arma* es neutra en griego antiguo, lo mismo que lanza, montaña, agua, ola y cuerpo humano. También lo son corazón, lágrimas y sueños. Para quienes hablamos español, todos ellos deben ser o masculinos o femeninos.

Andrea Marcolongo[15] menciona que, a diferencia de las lenguas germánicas, el neutro desaparece de todas las lenguas romances derivadas del latín, como el español. Por eso el inglés y el alemán tienen un lenguaje neutro y nosotros no. El latín también poseía el neutro, aunque se perdió muy rápidamente en las lenguas romances, mientras que las germánicas y otras del indoeuropeo lo conservan. El Imperio romano lleva el latín a los «confines de la tierra» y desde ahí, a la pérdida paulatina del neutro. Es la impronta del Imperio romano sobre nuestras lenguas.

Fue la evolución fonética, junto con la evolución semántica, lo que dio al traste con el neutro de los sustantivos:

en el latín, los sustantivos neutros eran menos flexibles en cuanto a los marcadores de caso que aceptaban y podían coincidir en algunos casos con la expresión fónica de otros sustantivos masculinos y femeninos[16].

Así, por causas fonéticas y sintácticas, el neutro perdió su independencia como morfema de género y pasó a confundirse con el masculino y con el femenino.

En griego antiguo los nombres de los árboles son femeninos y todos sus frutos son neutros. Los primeros son generadores de vida y los segundos son vistos como objetos (aunque más tarde pasaron a categorizarse como femeninos también por su capacidad de germinar y convertirse en nuevas plantas dadoras de vida). Es así como en nuestro ancestro lingüístico es femenino todo acto, movimiento o acción, pero es neutro todo resultado o fruto de nuestras acciones.

El caso del número es particular: los nombres en singular pueden ser masculinos o femeninos, pero pasan a ser neutros en sus plurales porque se refieren a colectivos.

Anamnesis de nuestro idioma. Hemos olvidado que ya nuestros ancestros utilizaban tres géneros en su lenguaje y que esa distinción entre masculino, femenino y neutro podía ser mucho más amplia, profunda y rica. No como ahora, que estamos obligados socialmente a distinguir todo de forma pobre y binaria. Como diría el Evangelio: «Pero al principio no era así» (Mt 19,8).

CAMBIO DE PLANES

*Estos cuentos fueron escritos para Santi
mientras estaba en la Unidad
de Cuidados Intensivos.*

Diciembre del 2019

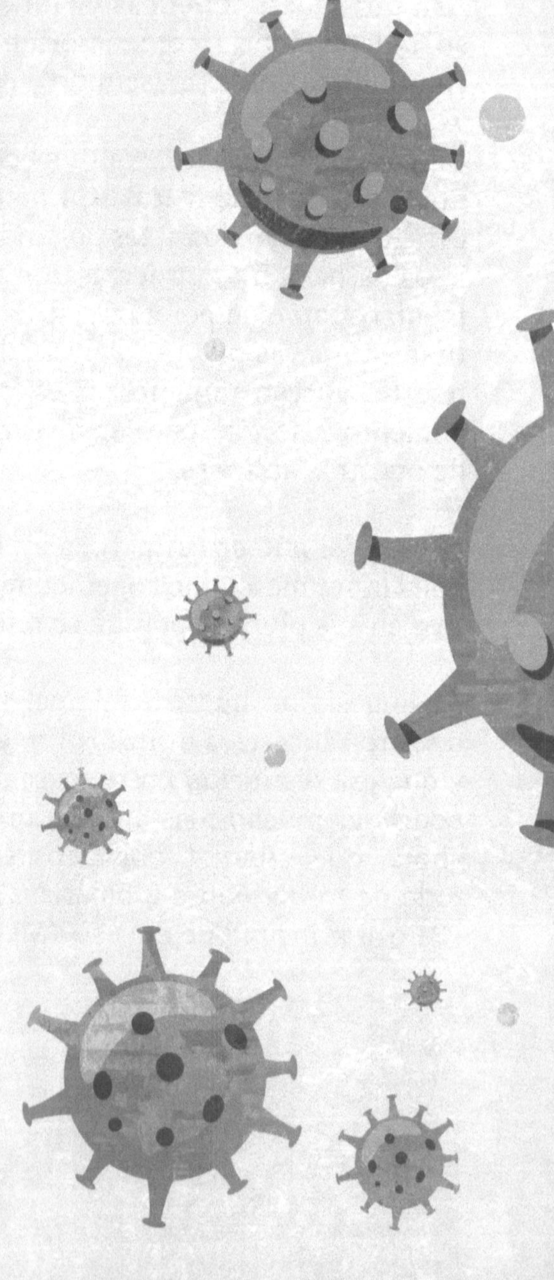

¡LOS RUFIANES CONTRAATACAN!

Querido Santi,

Los pequeños rufianes han ideado nuevas formas de defenderse y han vuelto al ataque. Crearon una especie de escudo protector que resiste nuestros ataques con armas, digámoslo así, *convencionales*. Por eso, querido Santi, ahora te han destacado a una zona de especialización en guerras del futuro (ya te dije a qué se refiere la gente con este término).

Ayer fue el show navideño de la escuela. Pau-Passepartout apareció en una obra de teatro llamada «Alicia». Lo hizo tremendamente bien. Ella tiene un carisma innato para la danza y los escenarios. ¿A que no adivinás? Justo antes del inicio de la obra, sonó por los altavoces una vocecita maravillosa que decía «Gracias por orar por mí, estoy bien. ¡Que pasen una linda Navidad!» ¡Sí! Era tu comunicado. Te dedicaron el acto de clausura del colegio este año.

Dejame hablarte de Pau-Passepartout. Ella, como buena exploradora y aventurera que es, ha realizado innumerables viajes estos días. Lo ha hecho de maravilla. Se ha quedado a dormir donde tíos y tías y ha sido muy fuerte.

Volviendo a «Alicia en el país de las maravillas», uno de estos días deberemos leer el trabajo de Lewis Carroll. Y nos viene bien al caso porque el mundo microscópico al que nos estamos enfrentando tiene ciertas similitudes con ese mundo de maravillas al que fue Alicia. En ese mundo las cosas no funcionan igual, todo es muy diferente. Veamos:

Caída angustiosa: lo primero que le sucedió a Alicia es que cayó por una madriguera que parecía infinita. Carroll usa esa imagen para describir la entrada en lo inconsciente. Es justo como podríamos describir la primera etapa de nuestra misión.

El tiempo: hay un conejo blanco que siempre va de prisa. Refleja la ansiedad y la urgencia de todos por lograr el éxito de esta misión. Pero lo más paradójico de todo es que en ese mundo de Alicia no hay tiempo, o es un tiempo *diferente*. Incluso se celebra el día del «no cumpleaños». Ya sabés a lo que me refiero, es como si el tiempo no pasara, como si estuviera hecho de otra materia, de otros elementos más del tipo onírico como sonidos, colores y olores que nos van diciendo qué etapa de la rutina diaria está ocurriendo en cada momento.

Los rufianes: la Reina de Corazones gobierna despóticamente el país de las maravillas. Es narcisista y controladora. Ella es la que manda sobre ese ejército de pequeños rufianes que se niegan a rendirse. En el mundo de «las maravillas» las matemáticas no se rigen por los mismos principios que conocemos y los más pequeños suelen ser más fuertes que los más grandes. Todo parece estar al revés.

Ahora bien, el Capi ha pensado en todo y ha dispuesto un ejército de microorganismos valientes que combaten a brazo partido dentro y fuera de nuestro cuerpo. Si antes no podías ver ni escuchar el A-10 que sobrevolaba a gran altura, ahora tampoco podrás ver ni escuchar el trabajo microscópico del Capi. De todas maneras, tené la seguridad de que él está ahí, en el poderoso A-10 y en el microscópico ejército. Y claro, como en el país de las maravillas, lo más pequeño ahora es más fuerte que lo más grande. Por ejemplo, el Capi ha creado una bacteria fluorescente que ayuda a detectar minas antipersonales, unos artefactos que hieren o matan a entre 15 000 y 20 000 personas en todo el mundo cada año. Esta bacteria fluorescente puede elaborar un mapa con la localización exacta de las minas o de las municiones enterradas. ¿No es una maravilla?

No llorés. Bueno... sí, llorá todo lo que creás necesario. El llanto no es un signo de debilidad, todo lo contrario. Además, no tenés que pensar en hacernos sentir orgullosos todo el día, todos los días y en todo momento. No tenés que hacer eso. Lo estamos. Hagás lo que hagás, pase lo que pase, ya estamos orgullosos de lo que sos y de lo que has hecho.

*¡Hasta la victoria siempre,
mi pequeño compañero!
Papá.*

TERRATRÈMOL
**Escrito durante el estado de alarma
de la pandemia del covid-19**

Me siento morir. No porque esté perdiendo la vida, sino porque todo lo que constituía el ritual del estar-viviendo agoniza irremisiblemente.

Había una liturgia aprendida a la que le llamaba estar-viviendo: cada día uno, dos o tres abrazos; uno, dos o tres empellones en filas de bancos, en supermercados, parques o aceras. El olor a humano desconocido, el humus casi espiritual del prójimo en el bus, el gesto de tomar del brazo a una anciana anónima para emprender juntos la travesía hacia el otro extremo de la calle, la aglomeración en la municipalidad, el pleito por la mejor piña en la feria del agricultor... Era el rito de la cercanía, de lo humano-yo y de lo humano-otro, de no temer a acercarse, olerse y sonreírse, incluso a ayudarse, contarse la vida y granjearse el milagro, ahora tan lejano, de engendrar amistades nuevas y súbitas.

No estoy perdiendo la vida. Estoy perdiendo la costumbre de estar-viviendo como antaño. Ahí están los hijos, ya no recuerdan muy bien cómo era eso de juntarse con otros, sudar corriendo tras una pelota, conjurar historias, urdir travesuras, confabularse en las mentiras y pasarse el helado unos a otros… sin temor.

Una memoria resume mi nostalgia: el ya vago recuerdo de la distensión en pandilla, de la carcajada gregaria que revolucionaba todas las ataduras en una mesa sobre la cual descansaban una botella de vino, cervezas, una pizza, un café o un vaso de agua fresca.

¿Quiénes seremos mañana? ¿Cómo será ese estar-viviendo nuevo que está naciendo hoy? Esa nueva criatura aún se me muestra inhóspita, agreste, mustia, lúgubre. Pero calma, apenas está asomando, como cuando amanece y no sabemos si el día nuevo traerá angustias o alegrías, lluvias o veranos nuevos. Y por eso guardo esperanza.

Allá afuera nada ha cambiado. Ahí siguen las montañas, las nubes, las aves, los árboles y el viento. La lluvia sigue siendo lluvia, pero nosotros ya no estamos. No somos más como antes. Nuestro nombre es el mismo, pero mutamos, como Gregorio Samsa. Sí, es una sensación similar. Un día amanecimos irreconocibles. Y no nos gusta, pero es irremediable. Pasará el estupor y nos acostumbraremos. Hace años, en Sant Cugat del Vallés, un anciano sentado en una banca verde de un parque me contó la historia de su vida. La escribiré algún día. Me contó cómo era la guerra y lo resumió así: *Terratrèmol*, me dijo, cuando se mueve la Tierra para nunca volver a ser igual.

Una parte de mí es optimista. Tengo fe. No en un mundo como el de ayer, pero tampoco es un mundo peor. Es como cuando acaba el terremoto y ya la noche no es la misma, queda como suspirando o en suspenso. Algo ha cambiado, aunque sepamos que pronto cantará un gallo lejano anunciando el nuevo día. Ya no tiembla, no sabemos hasta cuando, pero algo sigue haciéndonos tiritar por dentro. Y es ese tremor el que vaticina el goce intenso de saberse, aún hoy, inocente del nuevo mundo y a la expectativa de lo que vendrá.

Sobrevivir abriendo los brazos.

LOS APORTES DE LOUIS MASSIGNON Y SU CONCEPTO DE HOSPITALIDAD

Louis Massignon (Nogent-sur-Marne, 25 de julio de 1883 – Paris 31 de octubre de 1962) fue un importante intelectual francés del siglo pasado. Al sumergirnos en su trabajo podemos ver que combina, erudita y sensiblemente, ciencia, fe, compasión y diálogo interreligioso. Massignon tenía una vocación innata por los desheredados y los marginados del mundo.

Filólogo y orientalista, posiblemente el más notorio islamólogo del siglo XX. Descrito como «el más cristiano de los musulmanes y el más musulmán de los cristianos» por J. Madaule. Louis Massignon era un fiel hijo de la fe de Abraham, pues, en realidad, su espiritualidad es abrahámica (por su filiación cristiana y su respeto profundo del judaísmo y del Islam).

En estos párrafos quisiera acercarme a sus conceptos de *intercesión* y *hospitalidad sagrada* como claves para un diálogo permanente entre culturas, religiones y espiritualidades, sobre todo a la luz de la deriva política, social y religiosa que acusa nuestra actualidad y en este contexto, en esta actualidad fragmentada, dividida y amenazante para las minorías étnicas y religiosas, en esta realidad exacerbada por la pandemia.

Hospitalidad sagrada

Este concepto se inspiró en la idea centrípeta de la fe abrahámica de la hospitalidad hacia el extranjero —una idea anquilosada, muy probablemente, en aquellos misteriosos visitantes que Abraham acogió en Mamré—. Massignon ahonda y reflexiona en el mandamiento islámico de la hospitalidad, que exige, según su exégesis, aceptar a cualquier persona e incluso servirle sin querer cambiarla ni desear que sea diferente.

Hay un verso del poeta israelí Yehuda Amijai —que sabe de fanatismos en su tierra— que puede ayudarnos a generar un diálogo con el gran islamólogo francés: «Donde tenemos razón no pueden crecer flores»[17]. Acoger, entonces, no solo significa literalmente «recibir en casa», sino «hacer sentir en casa» al otro, al diferente. Esto nos obliga a reflexionar políticamente, sobre todo en un contexto de rechazo a las minorías, esas mareas migrantes que perecen en los mares del Mediterráneo, en las fronteras centroamericanas o en el río Bravo.

Lo contrario a la hospitalidad es, pues, el fanatismo. Es por eso que el pensamiento de Massignon se vuelve más relevante hoy, ante el resurgimiento de los nacionalismos, el sectarismo, la xenofobia y toda forma de rechazo, violencia y persecución.

El fanatismo es extremadamente pegajoso, afirma el también israelí Amos Oz. Es más contagioso que cualquier virus:

> «*Se puede contraer fanatismo fácilmente, incluso al intentar vencerlo o combatirlo. Leyendo periódicos o viendo televisión, es posible comprobar todos los días lo fácilmente que la gente se convierte en fanática antifanática. Creo que la esencia del fanatismo reside en el deseo de obligar a los demás a cambiar. En esa tendencia tan común de mejorar al vecino, de enmendar a la esposa, de hacer ingeniero al niño o de enderezar al hermano en vez de dejarles ser. El fanático es una criatura de lo más generosa. El fanático es un gran altruista. A menudo, está más interesado en los demás que en sí mismo. Quiere salvar tu alma, redimirte. Libertarte del pecado, del error, de fumar. Liberarte de tu fe o de tu carencia de fe*»[18.]

La hospitalidad sagrada también hunde sus raíces en la vida de Jesucristo, quien pidió hospitalidad y murió en una cruz, aceptando así incluso la violencia de sus verdugos[19]. Este concepto también forma la base de su firme creencia en la convivencia pacífica entre diferentes etnias, lo que le hizo alzar la voz contra el desplazamiento de los pobladores palestinos, obligados a salir de su tierra tras la creación del Estado de Israel. Massignon creía en la posibilidad de una tierra en la que convivieran judíos y palestinos.

La hospitalidad sagrada es para Massignon una experiencia personal: en 1908 fue apresado por los nurcos en el

Tigris, él estaba enfermo de paludismo y fue llevado cautivo a Bagdad, en donde fue acusado de espionaje y fue sentenciado a muerte. En esa situación extrema, Massignon contempló la idea de suicidarse, y quizás lo habría hecho de no haber sido rescatado por los «hospedadores» árabes de la familia Alussy, quienes consiguieron un salvoconducto para que Massignon pudiera regresar a Francia. Esta experiencia lo marcó profundamente y lo motivó a inclinarse por la mediación hospitalaria, que salva vidas.

La importancia de la intercesión mutua

La oración mutua, entre diferentes religiones, en conjunto o en solitario —cada quien desde su lugar de culto— es una necesidad urgente para Massignon. Él experimentó ese poder místico e interreligioso durante su conversión al cristianismo.

Massignon dedicó su vida a «sustituir» a los musulmanes en oración y en acción, no para que se convirtieran al cristianismo, pues eso hubiera sido contradictorio con su concepto de la hospitalidad, sino como signo de diálogo y de compasión.

A partir de ese concepto de la sustitución, Massignon presidió la Asociación de Amigos de Gandhi desde 1954 hasta su muerte y en 1934 fundó en El Cairo la Badalirya (substitución) con cristianos árabes para cooperar con los musulmanes en el conocimiento de las figuras de Jesús y María desde el mismo Corán. Todo esto se convirtió en una especie de eje gravitacional alrededor del cual giraban sus ideales de una especie de «religión universal del amor, la justicia y la no violencia».

Organizaba oraciones y ayunos conjuntos entre cristianos, judíos y musulmanes en múltiples lugares del mundo, especialmente en La Selentte, en Francia, un lugar de aparición de la Virgen que Massignon convirtió después en un centro de peregrinaje para la oración en favor de la justicia en el mundo. Lo mismo sucedió con los centros interreligiosos de Stiffel en Bretaña y Mereculi, donde Gandhi fue asesinado.

Una sociedad más hospitalaria y misericordiosa, un diálogo sin término entre religiones y espiritualidades, una intercesión mutua y compasiva —en reuniones conjuntas o no— para la paz y la no violencia, la articulación de relaciones interculturales e interreligiosas en pro de la justicia y que clamen por los desheredados de la Tierra.... en Massignon podemos encontrar un guía, un maestro.

ALGUNOS APORTES DE LA CIENCIA Y LA FE ANTE LA COVID-19

RED PARA EL DIÁLOGO ENTRE CIENCIA Y RELIGIÓN (REDICIRE) UNIVERSIDAD DE COSTA RICA

Este documento es el resumen del diálogo celebrado en la Universidad de Costa Rica como parte del proyecto de investigación sobre la interacción entre ciencia y religión en la universidad. Se presentan los aportes de un filósofo, un teólogo y un biólogo genetista[20].

«Estamos iniciando una nueva época en la historia de la humanidad. No estamos viviendo una época de cambio, sino un cambio de época. Es decir, cuando teníamos todas las respuestas, nos cambiaron las preguntas. Hoy el cuestionamiento es radicalmente diferente: ¿podrá sobrevivir la humanidad o no?».

Con este cuestionamiento de tipo apocalíptico, como lo calificó el mismo doctor Arnoldo Mora Rodríguez, inició el primero de los dos diálogos entre la ciencia y la religión organizados por REDICIRE (la Red para el Diálogo entre Ciencia y Religión) en la Universidad de Costa Rica. El diálogo se convierte en una condición para desarrollar confianza, pues sin la confianza entre los seres humanos la sociedad difícilmente podrá sobrevivir. Según el mismo doctor Mora:

«Necesitamos construir humanidad. La palabra es lo que ha permitido al Homo sapiens *dominar, relacionarnos. Es así como la especie se va construyendo como especie. La pregunta fundamental es: ¿A dónde vamos? ¿Cómo podemos construir un futuro entre todos? Necesitamos ser más humanos. Aprendamos de la ciencia lo que nos permite actuar objetivamente con el medio que nos rodea y construir un universo humano».*

Para Mora, la clave de la supervivencia de la humanidad está íntimamente ligada al uso del poder y a cómo se logre «impregnar de valores profundamente humanos a todo el poder de la humanidad. Hay que utilizar ese poder para bien... para pasar de la supervivencia a la convivencia».

Para el pastor y periodista José Pablo Chacón, quien también fue uno de los panelistas, las preguntas que todas las religiones del mundo intentan responder —y que no surgieron en tiempos de pandemia ni se comenzaron a discutir solo por la emergencia mundial— son:

1. ¿A dónde vamos? ¿Qué hay después?
2. ¿De dónde venimos?
3. ¿Qué hacemos con el dolor?
4. ¿Qué hacemos con la culpa?

En su primera intervención, Chacón resaltó que, por un lado, si la pregunta sobre la culpa no se responde *bien* durante la pandemia, algunos grupos religiosos —«los grupos más fundamentalistas»—, buscarán culpables, chivos expiatorios, como «China, EE.UU. o los homosexuales»; por otro lado, si la pregunta sobre el dolor se responde *bien*, la esperanza es que la sociedad termine más unida, «como hermanos en solidaridad».

Según el doctor Gustavo Gutiérrez Espeleta, también panelista en ambos eventos, «la ciencia y las creencias religiosas no tienen (motivo) por qué estar en contradicción». El doctor Gutiérrez ve la ciencia y la religión como dos ventanas con vista hacia un mismo mundo, pero que muestran aspectos distintos de ese mundo.

> *«La ciencia se ocupa de los procesos que explican ese mundo natural, mientras que la religión se ocupa del significado y del propósito del mundo y de la vida, de la relación entre los seres humanos, particularmente, y un Creador y de los valores morales que inspiran y que gobiernan las vidas de las personas».*

Según el científico, la ciencia responde los misterios del planeta y aumenta la calidad de vida de los seres humanos y de los otros seres del planeta al ser la fuente principal de la generación de nuevos conocimientos. La ciencia nos ayuda a vivir más tiempo y de mejor manera. La ciencia cuida de nuestra salud y nos proporciona medicamentos que curan las enfermedades y alivian los dolores.

Durante su intervención, el doctor en biología y genética también enlistó una serie de científicos que se consideraban personas religiosas y que dejaron grandes aportes en el campo de la ciencia, como Nicolás Copérnico, un clérigo canónico que creó la teoría heliocéntrica, demostró matemáticamente que la Tierra gira alrededor del Sol y dijo que Dios era el arquitecto de todas las cosas. Otros de los científicos que mencionó son: Gregorio Mendel, cuyas leyes (Las leyes de Mendel) sobre la herencia se aplican aún hoy; Robert Andrew Millikan, premio Nobel en física que dijo: «Creo en el poder de la oración, no solo como católico sino como buen científico» e Isaac Newton, quien decidió aprovechar el tiempo que estuvo en cuarentena por la peste bubónica para desarrollar la teoría sobre la óptica y formular las leyes sobre el movimiento y la gravedad.

Al pensar en cuánta confianza puede depositar la sociedad en la ciencia durante una pandemia, Gutiérrez argumentó que «las decisiones y las recomendaciones que se han dado a la comunidad nacional han sido alimentadas por muchas personas expertas, científicos que no conocemos, pero que están a tiempo completo resolviendo este problema». Agregó que la ciencia le da esperanza a la sociedad, le dice que saldrá bien parada de la crisis sanitaria porque las decisiones que se toman se basan en la evidencia científica, aunque sea imposible predecir el comportamiento de las personas y determinar con cuánta frecuencia saldrán a las calles a exponerse.

Durante la interacción con la audiencia surgió el tema de los puntos de convergencia entre la ciencia y la religión. El doctor Luis Fernando Aragón, quien fue moderador en ambos eventos, mencionó que sin duda alguna uno de esos puntos es que los seres humanos somos los únicos que tenemos la capacidad de razonar y de hacernos las preguntas científicas y religiosas.

Por su lado, el pastor y periodista José Chacón recalcó que la ciencia y la religión son agentes de esperanza en medio de la desesperación del mundo durante una pandemia. La religión responde muy bien a los cuestionamientos sobre el *más allá*, mientras que la ciencia aporta soluciones prácticas al *más acá*. Cuando estas dos caminan juntas, en hermandad, catapultan a la sociedad hacia el futuro con esperanza.

Según, Chacón, desde la religión se le puede dar esperanza al mundo: la religión puede darle valor a la ciencia y a su adecuada respuesta ante la crisis, lo que «destruiría» los mitos y los discursos contra la ciencia de aquellas personas religiosas que rechazan los aportes de la ciencia en cuanto a la medicina, las vacunas y el calentamiento global y que promueven teorías de la conspiración. El doctor Mora agregó que los factores fundamentales que nos puede unir a todos a las ciencias duras —la física, química y biología— o las ciencias aplicadas —la ingeniería, la medicina, las ciencias sociales, las ciencias humanas— son los valores, la ética. Mora agregó:

«El valor fundamental es el valor de la vida. El valor fundamental es una opción por la dignidad humana y desde el punto de vista de la teología cristiana. El cristianismo parte del principio, dogma, de la encarnación. El hombre vale tanto que vale la pena que Dios se hiciera hombre. Con eso, como dice el filósofo Hegel, a partir de que Dios se hizo hombre, todos los hombres son como Dios en el sentido de que todos los hombres participamos de Su dignidad, la dignidad máxima que podemos concebir. Ese es el valor fundamental. Pero ese valor fundamental se nos presenta como un proyecto de vida. No es un destino ciego. Dios no es una especie de tirano absoluto, sino una invitación al amor. El Antiguo Testamento nos presenta a Dios como una exigencia de justicia, en el Nuevo Testamento Dios es como una interpelación al amor. Si partimos del principio *Dios es amor*, cada acto de amor, si es amor auténtico, se tenga o no se tenga una profesión de fe explícita, implica una presencia sagrada. El amor es lo que salva y lo que redime. El amor es el último sentido de la vida. Ese es el valor fundamental».

Mora hizo énfasis en que la ciencia debe considerarse un método, una manera de disciplinar la mente para analizar los datos empíricos y llegar a conclusiones que se pueden verificar con fórmulas matemáticas. Detrás de la ciencia hay seres humanos, algunos de los cuales siguen la ciencia como si fuera una religión. Son ateos que se van a su laboratorio y que tienen un culto casi sagrado alrededor de su investigación. Este tipo de científico tiene una actitud religiosa frente a la ciencia, aunque la ciencia es, al fin y al cabo, un método analítico.

Detrás de un método hay personas. Esas personas deben darle un sentido a su vida. La pregunta que nos une a todos es la que lanzó Camus: ¿La vida vale o no vale la pena? La religión siempre le da a la vida una dimensión de trascendencia, más allá del mundo inmediato que nos rodea, lo que inspira al ser humano a ir más allá. La única respuesta al absurdo es una esperanza de trascendencia.

En su primera intervención durante el primer diálogo, el filósofo Arnoldo Mora explicó que la ciencia nos habla del qué, la filosofía nos habla del porqué y la religión es, fundamentalmente, una esperanza sobre hacia dónde vamos. La concepción de un tiempo futuro, posterior a la muerte, es típicamente judeocristiana: en Grecia solamente se concentraban en el pasado, en Roma se enfocaban en el presente y en el judaísmo tardío la apareció la proyección hacia el futuro con su esperanza mesiánica. Hoy nos estamos planteando el futuro: ¿qué va a pasar con la humanidad? ¿La ciencia ayuda? Sí y no. La ciencia es un método. La ciencia no va más allá del análisis de datos empíricos. Hay diferencias entre lo que es el saber científico, el filosófico y el teológico.

Al finalizar el diálogo, dos de los panelistas compartieron dos ejemplos personales en los que la fe y la ciencia se unieron para traerles esperanza en momentos de crisis. El pastor y periodista José Pablo Chacón compartió cómo el nacimiento de su hijo con el síndrome de VACTER los llevó a él y a su esposa a preguntarse quién les daba la respuesta a ellos, si la fe o la ciencia. Finalmente, José llegó a darse cuenta de que las dos les estaban dando respuestas, pues la ciencia y la fe se pueden complementar para traer esperanza al aquí y ahora. En ese momento, a Chacón no le servía de nada decir que era «evangélico» o «católico», lo que le servía era tener una fe «desnuda» que terminó fortaleciéndose en medio de la crisis gracias a las soluciones que la ciencia podía aportar a través de sus avances en medicina.

Por su parte, Gustavo Gutiérrez compartió que él pasó por una circunstancia un tanto similar, pero relacionada con el tener que llegar a aceptar por fe el hecho de no poder llegar a tener hijos en su primer matrimonio. Además, los panelistas compartieron sus ideas sobre qué pueden hacer los profesionales, científicos o académicos para promover la unidad en una sociedad bastante polarizada.

Mora expuso, parafraseando a Santiago: «usted me puede mostrar su fe, pero yo le muestro mis actos». Es lo que se hace en la vida real, es el compromiso frente a la vida y frente a los otros lo que demuestra hasta dónde se es sincero o hasta dónde la profesión de la fe tiene algo de fariseísmo. Y continuó: «San Pablo, en el documento más antiguo que tenemos del Nuevo Testamento —la carta a los Tesalonicenses—, utiliza la palabra *pistis,* que no tiene que ver con la latina *fides* sino con la latina *spes* (esperanza). La *pistis* no es una profesión de fe. Eso es constantiniano ("creo en Dios Padre..."). Más bien, tiene que ver con de qué manera me inspira eso en la vida, en qué manera me ayuda a realizar lo que el Evangelio llama *metanoia,* la transformación del interior».

Según el filósofo Mora, si se quiere cambiar el mundo, si se quiere cambiar el paisaje, se debe comenzar por cambiar la mirada. Es la transformación interior e integral del ser humano la que lo lleva a comprometerse con la vida. En su intervención, Mora hace énfasis en que nadie le puede decir al otro lo que tiene que hacer. Él o ella lo decidirá:

«El peligro del dogmatismo en las religiones es claro: el peligro consiste en creer que el que piensa distinto, que el que cree diferente, es malo. Así fue como se trató, en el cristianismo occidental, a la naturaleza. Existía el dogmatismo de que "la naturaleza debe ser explotada". Todo esto se debe a que se considera la verdad no como "un valor", sino como "una posesión". Al creer que "yo poseo la verdad", comienza la incapacidad de dialogar, la incapacidad de abrirse».

Según Mora, no se puede olvidar que la ciencia es un método perfectible. La ciencia de hoy no es la ciencia de ayer. Mucho de lo que hoy se considera una gran verdad científica va a ser considerada superchería en cien años, porque así ha sido históricamente. La ciencia es un proceso que va cambiando y que se va perfeccionando.

Hay que aprender a ser humildes. No hay nada más peligroso que el poder porque el poder se puede convertir en una droga. La tentación no es el placer ni el dinero, sino el poder. La serpiente le dijo a la mujer que «sería como Dios». De la pandemia podemos aprender que todos debemos ser humildes y que debemos tener conciencia de nuestras limitaciones. Solo así podremos abrirnos a los demás y ser capaces de amar.

Por su parte, Chacón enfatizó en que se debe fomentar el diálogo. El diálogo para él no es transigir —desde la religión se ha querido algunas veces relacionar al diálogo con el transigir de la fe—, dialogar con la ciencia no es transigir. Dialogar con otras religiones no es comenzar a creer como ellos. Chacón cuenta que a un profesor de él le preguntaban: ¿quién es su enemigo? A lo que él respondía: mi enemigo es aquel del que no conozco su historia. El conocer al otro ayuda a comprender su historia y sus porqués. Cuando esto ocurre ya no cabe la enemistad. El diálogo con personas diferentes genera más empatía.

En estos días no se escucha a los grandes líderes religiosos decir *confiemos en la ciencia*. Hacen mucha falta la cooperación y el diálogo para poder llegar a consensos y no necesariamente a capitulaciones de la fe. Chacón también agregó que es necesario sentarse con el que es diferente y verlo a los ojos para poder llegar a reconocer que no es el enemigo. Ahí, sentados uno frente al otro, pueden reconocer que ambos desconocen por qué el otro vive como vive, por qué hace lo que hace y por qué piensa lo que piensa. Este tipo de diálogo con *el otro*, según el pastor y periodista, debe fomentarse desde la infancia en las instituciones de enseñanza públicas o privadas y desde las iglesias.

Gutiérrez resaltó que los científicos no tienen por qué no ser religiosos. Se puede ser un «buen religioso» y un «buen científico» al mismo tiempo, perfectamente. También habló de que los seres humanos no somos dueños de este planeta: «¿Quién nos dio ese poder, ese poder de tomar decisiones con respecto al planeta? Debido al conocimiento y al alcance que ha tenido la ciencia, más bien debemos saber que tenemos que vivir en equilibrio, con total respeto a la naturaleza». Sobre este mismo tema, Luis Fernando Aragón habló del principio cristiano de la mayordomía, el cual establece que los seres humanos somos responsables del planeta, lo cual no es lo mismo que ser los explotadores de él. Según este principio, el planeta está para que lo sepamos administrar y cuidar.

Finalmente, los panelistas dieron sus conclusiones: para el doctor Gutiérrez va a haber un antes y un después de la pandemia. Según él, todas las diferencias y discriminaciones pasarán a un segundo plano y la sociedad será más solidaria. Él se califica como muy optimista, por eso cree que a partir de la emergencia mundial nos vamos a convertir en una sociedad más solidaria, una en la que las prioridades van a ser otras, una que será más positiva. Los temas de discriminación pasarán a un segundo plano o tenderán, idealmente, a desaparecer. «Nos tenemos que convertir en seres solidarios con el prójimo, lo que incluye los animales y la flora. Hay muchas personas vulnerables en este momento. Tenemos que ser personas humildes, pero extremadamente solidarias».

Según Arnoldo Mora, la caridad debe comenzar por casa. La capacidad de construir un mundo más humano debe comenzar en el barrio, creando relaciones, vínculos sociales, tejido social. Para él, esto se hace fomentando comunidad, organizando asociaciones de vecinos con diferentes fines donde se planteen problemas de la comunidad como la seguridad, las drogas, el desempleo, la deserción escolar, etc. «Esto solo se supera creando *koinonia*, como dice en El Nuevo Testamento, comunidad, pasando de la supervivencia a la convivencia, pasando de la tolerancia (del simplemente soportar al otro), al respeto, a la comprensión, a la apertura, a la empatía y al perdón. No se puede cambiar el mundo sin cambiarnos nosotros. Comencemos por cambiar nuestro entorno y habremos dado un paso adelante».

Según José Chacón, no solamente se necesita un Estado fuerte y solidario, también se necesitan una iglesia y una empresa solidarias, que generen opciones viables y compatibles con la economía y con la vida. También necesitamos religiosos humildes, que eviten caer en el excepcionalismo que la creencia y el quehacer religioso pueden fomentar: «No somos los mejores. Dejemos la superioridad que se ejerce desde el cristianismo sobre cualquier otro ser humano, como si ya nosotros hubiéramos alcanzado la divinidad, la infalibilidad y la inmunidad a muchas cosas».

El pastor y periodista terminó la noche de diálogo con una confesión de resistencia y esperanza basada en un texto de Hans Küng:

«Concluimos aferrados a la fe y caminando junto a muchos otros seres creyentes y no creyentes. A partir de Jesús, siervo sufriente de Dios, es posible reconocer y también confesar esperando, contra toda esperanza, en la protesta y la oración:

1. Que Dios, aun en medio de un dolor aparentemente sin sentido, sigue misericordiosamente presente.
2. Que Dios, si bien no nos preserva del dolor, sí nos guarda en el dolor y nos acompaña en el dolor.
3. Que por nuestra parte hemos de intentar, siempre que nos sea posible, mostrar nuestra solidaridad en el dolor y hacerla efectiva siempre que nos sea posible.
4. Por último, no hemos de limitarnos a aguantar el dolor, sino que, de ser posible, hemos de combatirlo, sobre todo en las situaciones y estructuras que lo estén produciendo».

ANDO LA TEOLOGÍA DESPEINADA

Así me amaneció hace ya muchos años y desde entonces no se me acomoda con nada.

He intentado ponerla en su sitio para ir por ahí luciéndola sin que nadie la note, es decir, como la lleva todo el mundo. Pero resulta que «antes de que el gallo canta» se me vuelve a despeinar.

Algunos me dijeron: «Venga mijito, acomódese este asunto para que no ande así por la calle, no sea que lo confundan con los que no creen».

Procuré utilizar cuanto producto artificial encontré para acomodar teologías: un *shampoo* para alisarla que no dio resultado (bastó un soplo de viento, aunque no era «recio», para volverla a alborotar) y también usé un suavizante, pero obtuve el mismo resultado fallido. Usé otro producto que, según la etiqueta, prometía «relajar» la teología... pero al día siguiente amaneció aún más revuelta.

No había forma. Llegué a sospechar que estaba enfermo y que necesitaba un hospital de teologías. Pensé que si hubiera existido un hospital psiquiátrico de las teologías me habría ido a internar voluntariamente.

Hasta que un día me acordé de uno que también tenía la teología indomable. Recordé cómo él contrarió con sus palabras a todos los fariseos y maestros de la ley, lo imaginé «rompiendo el sábado» con su teología rizada a cuestas y trayendo a su memoria esos encuentros de teología sin *shampoo* ni suavizante, esos que tuvo con las prostitutas, con los recaudadores de impuestos, con los pecadores...

Finalmente, lo contemplé caminando con esas greñas teológicas más revueltas que nunca, y lo escuché gritar a voz en cuello: «¡perdónalos porque no saben lo que hacen!».

Fue entonces cuando me di cuenta: mi teología no está despeinada... ¡está viva!

Non in destructionem

Algunas personas me han escrito preguntándome por qué a veces «critico» a las iglesias o a los cristianos, si yo mismo soy pastor de una iglesia. ¡La pregunta es muy importante!

En la versión en latín del Nuevo Testamento hay una frase de Pablo que explica la idea de ser crítico con la Iglesia, una frase que me encanta: *Non in destructionem, sed in aedificationem ecclesiae* (2 Cor 10,8) que significa *no para la destrucción, sino para la edificación de la Iglesia.*

En muchas de sus cartas Pablo señala las malas costumbres y vicios de las iglesias. A la Iglesia de Corinto Pablo la amonesta por sus divisiones, por su inmoralidad y su falso amor. De él decían: «sus cartas son duras y fuertes, pero él en persona no impresiona a nadie, y como orador es un fracaso» (2 Cor. 10,10).

Y esa descripción queda muy apropiada para mí mismo.

LOS COLORES, LA DIVERSIDAD Y DIOS

Si mezclamos pigmentos de todos los colores obtendremos un color oscuro, como el negro. Si mezclamos todos los colores *utilizando luz* resulta una especie de blanco, más bien transparente.

Por eso Dios nos hizo de pigmentos, para que nos mezclemos todas las etnias, todas las personas y todos los colores de piel y resultemos en algo visible, palpable. Nos hizo así para que nos sepamos reales y existentes.

Pero para poder ver a Dios, que es luz, necesitamos algo llamado fe. Porque cuando todas sus formas, sus colores y sus manifestaciones se mezclan, resultan en lo verdaderamente inasible.

PERSEGUIDOS

Es posible que solo exista una población —aparte de las mujeres— perseguida durante cientos de años con la ferocidad y violencia con las que se persiguió al pueblo judío: los homosexuales. Según Estape[21] la tortura y la pena capital, generalmente en la hoguera, eran los suplicios a los que se condenaba en la mayor parte de Europa a los homosexuales durante los siglos V al XVIII.

Fueron perseguidos y ejecutados en la Edad Media, al igual que los judíos. Fueron perseguidos y ejecutados por la Unión Soviética, al igual que los judíos.

En 1933 se añadió el artículo 121 al código penal de la Unión Soviética, que prohibía explícitamente la homosexualidad masculina. Algunos historiadores calculan un promedio de entre 800 a 1000 personas juzgadas al año por este delito desde 1933 hasta 1991.

Fueron perseguidos y ejecutados por el nazismo, al igual que los judíos. El artículo 175 del Código Penal alemán —que estuvo a punto de ser eliminado en la década de

1920— justificó la persecución y el asesinato de homosexuales. El número de personas que fueron ejecutadas como consecuencia de esta orden es desconocido[22].

Hay un factor común en los sistemas que han perseguido y ejecutado tanto a judíos como a homosexuales: todos —la Iglesia a través de la Inquisición, la Unión Soviética y el Tercer Reich— han sido sistemas totalitarios.

IDEOLATRÍA

La «ideo-latría» es la adoración de una idea, una creencia o un dogma. Funciona de la siguiente manera: la persona pone toda la estabilidad de su fe, todo el sentido de su fe, en unas cuantas ideas y las abraza con todas sus fuerzas. Al hacerlo siente que está siendo fiel y que debe defenderlas a capa y espada —aun cuando se le demuestre que está equivocada— pues cree que toda su fe se derrumba si cambia una sola de ellas.

Aferrarse a esas ideas es llamado «aferrarse a la verdad» o «aferrarse a los valores».

La persona *ideólatra* siente miedo de cambiar sus ideas porque su fe está en ellas. Su fe no está en Dios, sino en sus ideas. Su fe no está en Jesús (en el caso de los cristianos *ideólatras*), sino en las ideas. Las ideas son elevadas a la forma de salvación del individuo y de todo un país.

Lo que tenemos en nuestra sociedad, más que cristianismo, es una verdadera «ideolatría», que genera individuos furiosos, enojados contra lo que amenace las ideas a las que se aferran porque en ellas han puesto su fe. La *ideo-latría* crea individuos atemorizados que temen perder la seguridad de su fe, por lo que luchan por convertir esa «fe» (la idea a la que se han aferrado) en ley. Los *ideólatras* procuran imponer sus ideas por la fuerza, por medio de la ley, del poder político o de la coerción.

Los *ideólatras* sienten enojo hacia quienes piensan diferente, a los que califican de enemigos de la fe. En esa idea está su fe y quien se oponga a ella, se opone a su fe. Notémoslo: el problema no es que los demás se opongan a Dios, a Jesús o a la Biblia, es que se oponen a esa idea a la que se han aferrado y de la cual depende toda su fe.

CONSPIRONAUTAS
**Plaga de 1830 y teorías de conspiración
Danzig, comunidad menonita**

« Las oficinas gubernamentales, escuelas, negocios, teatros y otros lugares públicos fueron cerrados y puestos en cuarentena. Los rumores comenzaron a difundirse, esta vez culpando a las autoridades y a los proveedores de atención médica por la propagación deliberada de la enfermedad. Cuando los médicos recomendaron antisépticos líquidos, como solución de cal clorada o vinagre, para limpiar las manos y la cara, los conspiradores los llamaron venenos. Los médicos, y quienes siguieron sus recomendaciones, comenzaron a ser atacados brutalmente»[23].

Cuando el líder menonita de Molotschna, Johann Cornies, se enteró de las muertes cercanas relacionadas con el cólera, recomendó a la Oficina del Distrito Menonita el 6 de diciembre de 1830 que se detuviera todo el tráfico y los contactos aleatorios con personas fuera de la burbuja[24].

Cornies elogió las medidas decisivas del Estado para aislar el virus y hacer cumplir las cuarentenas. Y dijo: «Donde hay un gobierno bueno, sabio y fuerte, se ve la mano protectora de Dios en acción»[25].

LA NOCHE

Yo no podría escribir con más precisión, horror, espanto y claridad lo que ya otros han descrito con una mayor profundidad literaria y con privilegiada cercanía geográfica, histórica y documental.

La noche del 16 de septiembre de 1982 hubo una oscuridad diferente en los campamentos de refugiados palestinos de Sabra y Chatila, al sur del Líbano. La historia que casi prevalece justificaba el fenómeno como una reacción espontánea y exacerbada de la milicia cristiana denominada «Falange libanesa» a raíz del asesinato del líder cristiano maronita y mandatario electo libanés Bashir Gemayel el 14 de setiembre de 1982.

Aquella larga noche, conocida como *la masacre de Sabra y Chatila*, hubo dos mil víctimas. El cielo recibió rezos musulmanes en árabe.

Sabemos también que la noche del 9 de noviembre de 1938 la oscuridad se tornó espesa en demasía. Los nazis alegaron que había sido una reacción espontánea de la población civil contra los judíos por el asesinato de Ernst vom Rath, secretario de la embajada alemana en París, a manos del joven judío polaco de origen alemán Herschel Grynszpan el 7 de noviembre de 1938.

Aquella larga noche, conocida como *la noche de los Cristales Rotos*, hubo 91 víctimas. El cielo recibió rezos judíos en hebreo o en yiddish.

Sabemos, incluso, que la noche del 23 de agosto de 1572 la oscuridad se tornó sanguinolenta en París. Se dijo que había sido una reacción espontánea de la población civil católica a la protesta realizada por los hugonotes, quienes se manifestaron por el asesinato de su dirigente Gaspard de Coligny. Presumiblemente, la orden de asesinato vino de Catalina de Medici, la madre del rey Carlos IX.

Aquella larga noche, conocida como *la noche de San Bartolomé*, hubo entre 20 000 y 3 000 víctimas. El cielo recibió rezos cristianos protestantes, en un desesperado francés.

DARWIN Y LA EDUCACIÓN ESCOLAR

¿Recuerdan cuando a los niños se les prohibía aprender la teoría de la evolución? Esa época en la que la enseñanza de esa teoría era una piedra en el zapato para una parte de los creyentes ya parece haberse olvidado. La teoría de la evolución fue aceptada de forma universal y Dios no se enojó ni se criaron niños ateos ni degenerados al aprenderla en la escuela.

¿Por qué provocaba tantas objeciones la teoría de la evolución, mientras que a nadie le importaban la teoría de la relatividad ni la mecánica cuántica? La teoría de Darwin se basa en el principio de la supervivencia de los más aptos, una idea muy sencilla, pero las teorías de la relatividad y de la mecánica cuántica nos dicen que es posible distorsionar el espacio y el tiempo, que algo puede aparecer de la nada o que un gato puede estar vivo y muerto al mismo tiempo... en resumen, que alguien puede estar aquí y allá a la vez y que ayer y mañana son una misma cosa.

¿Por qué entonces provocaba tanto estupor la teoría de la evolución? Muy sencillo: contradecía una idea religiosa, una especie de convicción basada en cierta interpretación bíblica. A la mayoría de la gente le importaba un pepino el espacio y el tiempo, si eran absolutos o relativos y si un gato estaba vivo y muerto a la vez, pero si alguien se atrevía a cuestionar una idea particular de cómo nos habíamos imaginado la creación... ¡eso sí era terrible!

Hoy sucede exactamente lo mismo.

*Cada rama de árbol es una decisión
que ha tomado en busca de luz y vida.
No importa cuántas de ellas han sido
erradas o acertadas,
la belleza del árbol radica en eso:
Su grandeza es directamente proporcional
a la suma de sus decisiones
(que no esconde).*

\- El Caligrafista.

CAMBIO DE PLANES

*Estos cuentos fueron escritos para Santi
mientras estaba en la Unidad
de Cuidados Intensivos.*

Diciembre del 2019

EXTRA DE ACEITUNA, POR FAVOR

Querido Papi,

Te escribo desde mi litera del Anástasis. Ya supe que el nombre de este barco viene del griego y que significa «levantarse» o «resucitar».

Te cuento que luego de casi 10 días de intensas batallas la misión avanza muy bien. Todo ha marchado bien desde el inicio, en el submarino nuclear Santa Fe, con todos esos artefactos de tecnología ultramoderna y la escafandra galáctica, hasta ahora en el Anástasis, en mejores condiciones. No te preocupés por los pequeños rufianes que nos han atacado sin piedad, tenemos un gran equipo especializado que ya está empezando a mantenerlos a raya. También tenemos suficiente arsenal de última microtecnología.

Al principio, la comida que recibía era como la de los astronautas, pero ahora es comida *normal*. No me gusta. Si pudieras abastecerme con sándwiches de Subway —con pan de orégano y queso parmesano, rellenos de jamón y queso provolone, con extra de aceitunas— sería de gran ayuda.

Estoy feliz, aunque me aburro como una ostra.

He estado hablando mucho con el Capi y sé que tiene todo bajo control.

Recibí los mensajes de los jugadores del *Sapri* y eso me alegró mucho. En tu última visita a bordo del Anástasis conversamos sobre los otros niños que están aquí, cada uno con su propia misión especial. Creo que el Capi también los vigila y los cuida.

Con las máscaras que usan para estar aquí no puedo ver sus labios y no sé si están sonriendo o si están tristes. ¡Qué importante es poder leer los labios más que las palabras!

A partir de aquí los siguientes párrafos de la carta fueron escritos de puño y letra por Santi.

También te quiero decir que estoy ansioso por que termine esta misión tan importante. También quiero hacer muchas cosas en familia, quiero que nos divirtamos mucho cuando esto termine. Esta misión se me ha hecho muy larga. Ya esta es la decimoquinta que hemos hecho juntos, apoyándonos unos a otros.

Si es posible, decile a mami y a Pau que son muy valientes y que quiero estar con ellas pronto. Son cruciales para la misión y quiero jugar con ellas después de esta importante tarea que muchos no han podido completar. Estoy orgulloso de haber completado catorce de ellas.

Bueno, yo estoy esperando que me den el alta del servicio militar extranjero, es difícil estar tan estresado en batalla. En algún momento el Capi me lo dará, como mi superior. Yo estoy bien, pero otros… bueno, ya sabés.

¿Y vos, qué querés hacer cuando termine este infierno?

¡Hasta la victoria siempre,
querido papi!
Santi.

Notas y referencias:

1. González Montano, R. (2010). *Artes de la Inquisición española*. España: Almuzara.

2. Boeglin, M., Fernández, I. y Kahnpez, D. (Ed.). *Reforma y disidencia religiosa. La recepción de las doctrinas reformadas en la península ibérica en el siglo XVI*. Madrid: Casa de Velásquez.

3. Relevant. (2021, diciembre). Deconstruction Doesn't Mean You're Losing Your Faith. *Relevant*. Recuperado de: https://relevantmagazine.com/faith/how-to-deconstruct-your-faith-without-losing-it/

4. Misma referencia en el artículo de la revista Relevant.

5. Vallejo, I. (2020). *El infinito en un junco*. España: Siruela.

6. Hernández Lara, I. (2016). Migración y afectividad a distancia: escenarios emocionales relacionados con la dinámica familiar transnacional en el contexto de la migración oaxaqueña hacia Estados Unidos. *Emociones, afectos y sociología*, 109-148. Ciudad de México: Universidad Nacional Autónoma de México.

7. Blumenbach, J. (1865). *The Anthropological Treatises*. Londres: The Anthropological Society.

8. BBC. (2009, octubre). EE.UU: juez niega matrimonio interracial. Recuperado de: https://www.google.com/amp/s/www.bbc.com/mundo/internacional/2009/10/091016_1957_eeuu_matrimonio_interracial_rb.amp

9. Aly, G. (2015). *Los que sobran*. México: Crítica.

10. Aly, G. (1984). *Die restlose Erfassung. Volkszählen, Identifizieren, Aussondern im Nationalsoziaismus*. Frankfurt: Fischer.

11. Küng, H. (2013). *El judaísmo: pasado, presente y futuro.* Madrid: Trotta.

12. Esta referencia se encuentra en el mismo libro de Küng citado en la nota 11.

13. Oz, A. (2007). *Contra el fanatismo.* Madrid: Siruela.

14. Estos fragmentos se pueden encontrar en El banquete de Platón.

15. Marcolongo, A. (2021). *Etimologías para sobrevivir al caos.* Barcelona: Taurus.

16. Rodríguez Diez, B. (2005). *Del latín al español: los nuevos géneros del romance.* España: Universidad de León.

17. El poema de Yehuda Amijai aparece en el libro ya mencionado de Amos Oz.

18. Tomado de *Contra el fanatismo* de Amos Oz.

19. Gude, M. y Massignon, L. (1996). *The Crucible of Compassion.* Notre Dame: Universidad de Notre Dame.

20. El artículo *Algunos aportes de la ciencia y la fe ante la COVID-19,* publicado por la revista Kérwá de la Universidad de Costa Rica en el 2020, es una versión de este capítulo.

21. Chayer, R. (2017). *Torturas y Asesinatos contra Homosexuales durante la Inquisición Católica.* Gay Globe magazine. Recuperado de: https://gayglobe.net/torturas-y-asesinatos-contra-homosexuales-durante-la-inquisicion-catolica/

22. Feustel, G. (2003). *Die Geschichte der Homosexualität.* Alemania: Patmos-Verlag der Schwabenverlag.

23. Zernes, S. (2020, abril). Russian Epidemics and Riots. Recuperado de: https://russianlife.com/stories/online/russian-epidemics-and-riots/

24. Dyck, H. y Staples J. (Ed.). (2015). *Transformation on the Southern Ukrainian Steppe: Letters and Papers of Johann*

Cornies (1ª ed., Vol. 1: 1812–1835). Toronto: Universidad de Toronto.

25. Cita de Johann Cornies en Neufeldt-Fast A. (2020, agosto) Faith of our Fathers in Past Plagues: Mutual aid, vaccinations and social restrictions. *Trails of the past.* Recuperado de: https://trailsofthepast. com/2020/08/07/mennonitesepidemics/#_ftnref20